Serie
Atlante delle debolezze

Libro Secondo

L'Europa

Ovvero

Tre Dottrine ed un perdente

29 febbraio 2024

Premessa: un'occhiata allo scenario internazionale

Nelle guerre si rivela una verità spietata: dietro le bandiere dell'ideologia e dell'onore, riecheggiano i veri movimenti, un'incessante ricerca di dominio sulle risorse e sui popoli. La guerra di, un'epopea senza tempo, non fu un semplice scontro di spade e scudi; ma una profonda rivalità mercantile, in quanto i Troiani detenevano le cruciali rotte marittime, dando vita a un conflitto che risuona attraverso i secoli.

Da allora nulla è cambiato.

Un elemento chiave da tenere in considerazione è la dinamica del cambiamento climatico, che comporta il ritiro dei ghiacciai artici. Ciò rende la rotta del Mare del Nord percorribile con meno sforzo per un periodo di tempo più lungo durante tutto l'anno.

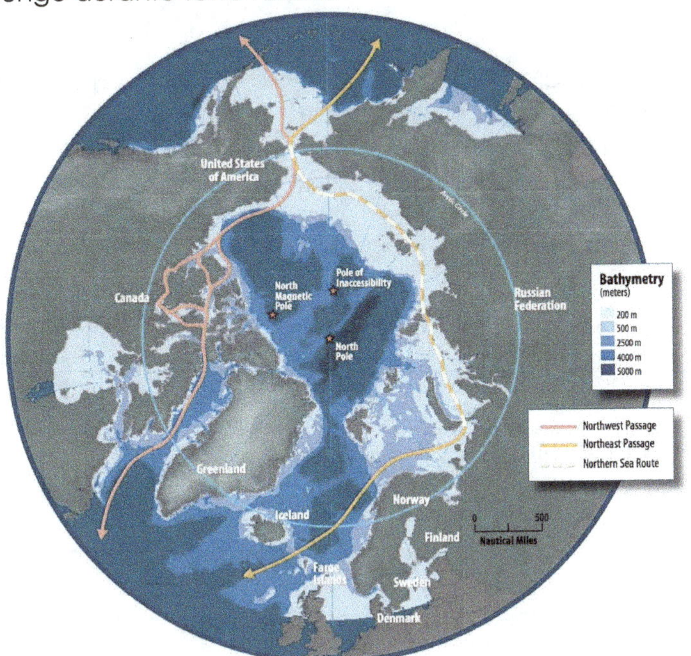

I ricercatori e gli economisti di solito confrontano la rotta del Mare del Nord con la rotta convenzionale del Canale di Suez.

Il primo percorso è più breve, il che consente di risparmiare carburante, non ci sono dazi per il passaggio; non c'è rischio di attacchi pirata e, di conseguenza, non c'è bisogno di mettere in sicurezza il carico.

Grazie al progressivo scioglimento dei ghiacci artici e allo studio approfondito delle rotte polari, il traffico di merci è in costante crescita ogni anno. Inoltre, la navigazione su quel tratto di mare è gestita direttamente dalla Russia.

La società statale Rosatom si assume la responsabilità e le funzioni per la rotta del Mare del Nord e garantisce la sicurezza della navigazione ad alto livello tecnologico.

Ma con la guerra in Ucraina, e il conseguente irrigidimento dei Paesi baltici, nonché l'ingresso della Svezia nella NATO, questa supremazia può essere messa in discussione.

Il conflitto mediorientale

Il 17 maggio 2023 è apparso sul "Moscow Times" un importante articolo dal titolo "Iran e Russia firmano un accordo per completare un'importante rete di trasporti"

Ad aprile, infatti, era già noto che Mosca aveva iniziato a esportare prodotti petroliferi in Iran per la prima volta dopo che i suoi principali acquirenti avevano smesso di importare carburante russo in seguito all'invasione dell'Ucraina. Entrambi soggetti a severe sanzioni occidentali, la Russia e l'Iran hanno sempre più commerciato tra loro per mantenere a galla le loro economie sotto embargo.

Mentre il vice primo ministro russo Alexander Novak ha annunciato che l'Iran avrebbe iniziato a importare petrolio russo in autunno, le prime consegne sono iniziate all'inizio di quest'anno.

A febbraio e marzo, Mosca ha fornito fino a 30.000 tonnellate di benzina e diesel all'Iran per ferrovia attraverso il Kazakistan e il Turkmenistan.

L'Iran e la Russia hanno concordato a maggio di cooperare per la costruzione dell'ultima parte di una rete di trasporto commerciale che collega il Golfo e l'India, evitando le rotte marittime occidentali. (Reuters)

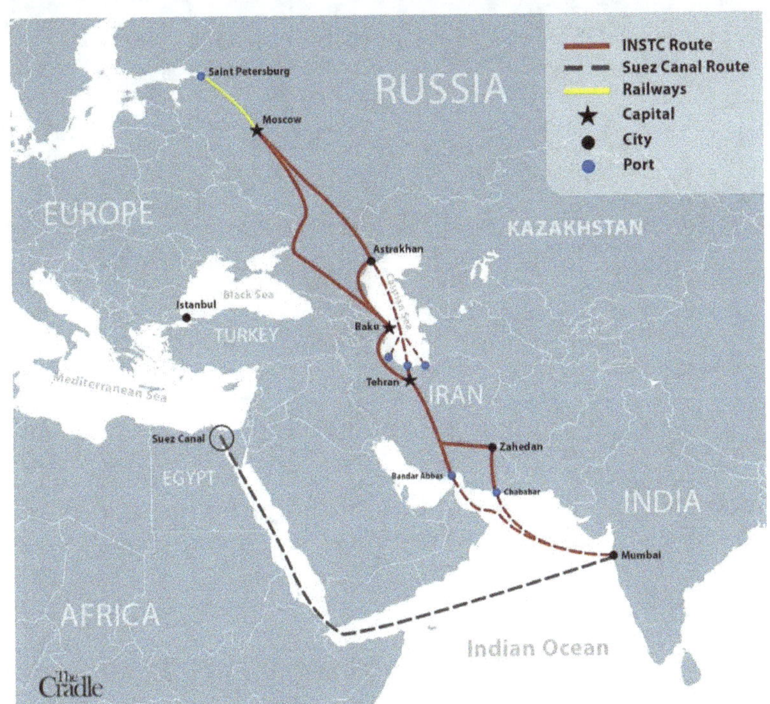

(il corridoio S. Pietroburgo – Chabahaz)

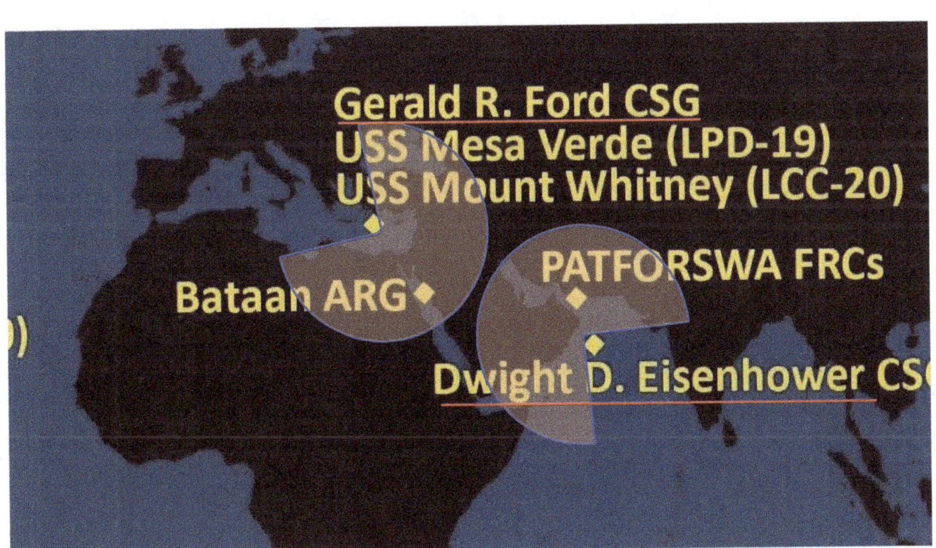

(raggio d'azione delle portaerei dispiegate dagli USA)

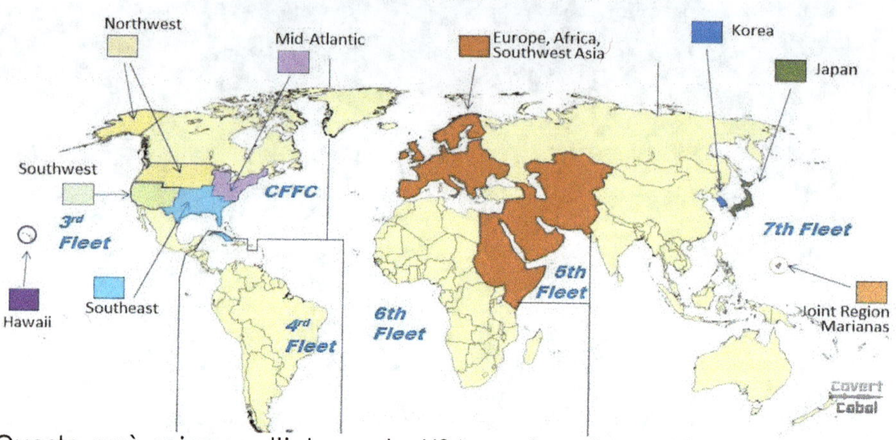

Questo può spiegare l'intervento USA contro gli Houthi, e la presenza nel mediterraneo per supportare Israele nella sua guerra contro i terroristi di Hamas?

Un assaggio di guerra economica: *gli embarghi*

Ipotesi: l'embargo colpisce più i tuoi alleati che i tuoi nemici.

Tesi: I nemici sono abituati a fare a meno della tua cooperazione economica e tecnologica, mentre i tuoi amici no; I tuoi nemici sono abituati a sviluppare relazioni commerciali e finanziarie alternative, i tuoi amici no.

Anche le liste di prescrizione, poiché creano dipendenza degli alleati dal partner con maggiore capacità di investimento.

Dimostrazione:

l'embargo USA su Cuba entra in vigore il 14 maggio 1958, ed è tutt'ora operativo. Tale embargo serviva a contrastare la deriva comunista dell'Isola.

Fidel Castro è rimasto al potere 1dal 6 febbraio 1959 al19 aprile 2011.

Nel 1948, il governo degli Stati Uniti ha posto sotto controllo e limitazione gli ambiti della cooperazione dei suoi alleati dell'Europa occidentale, al fine di realizzare per una politica coordinata di embargo tecnologico contro il blocco comunista. A quel tempo fu fondato il COCOM (Comitato di coordinamento per i controlli multilaterali delle esportazioni).

Il 12 aprile 1961, Yuri Gagarin divenne il primo uomo nello spazio.

Effetti dell'embargo occidentale verso la Federazione Russa – PIL

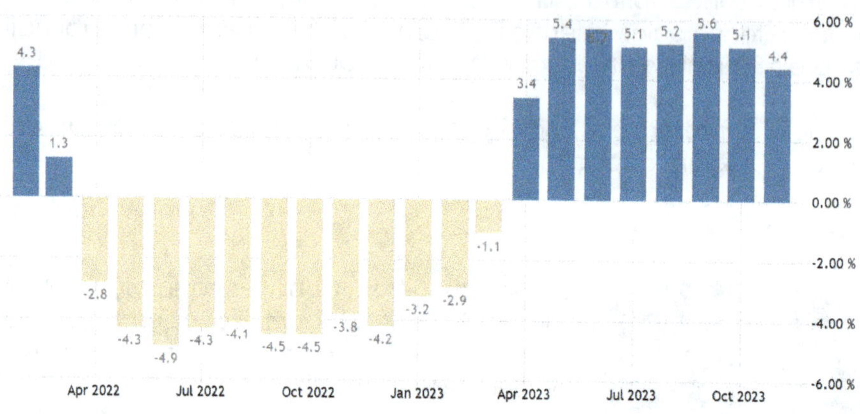

Riconfigurazione delle esportazioni

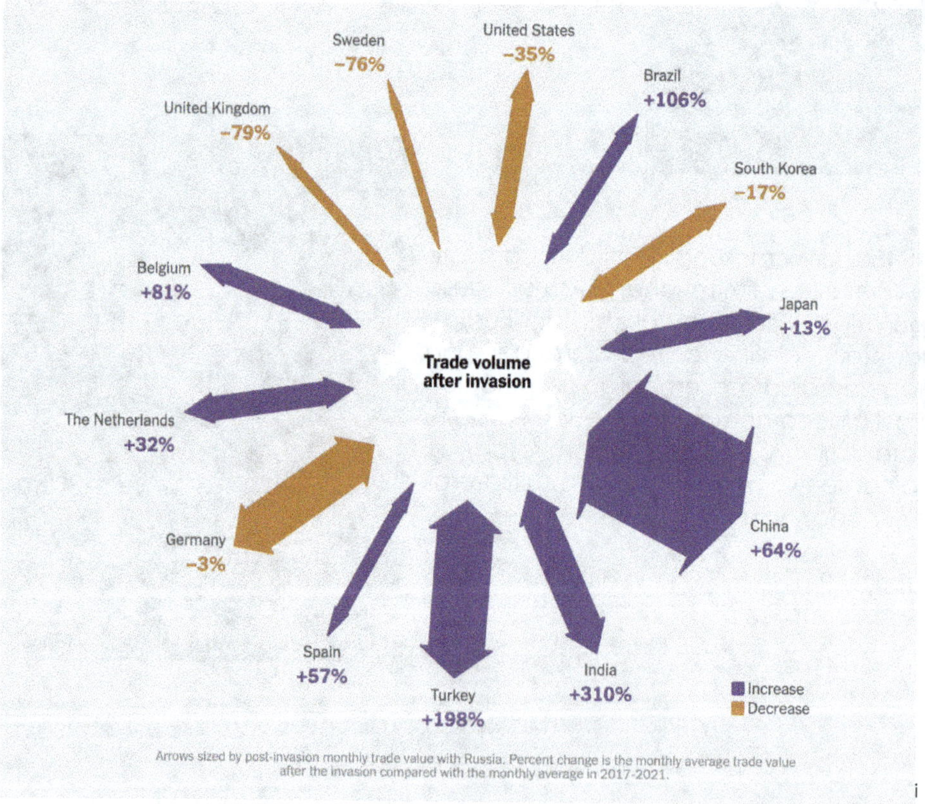

Arrows sized by post-invasion monthly trade value with Russia. Percent change is the monthly average trade value after the invasion compared with the monthly average in 2017-2021.

i

Ora, la Banca Centrale Russa ci indica che "Il valore delle esportazioni di merci è diminuito nel Q4 del 2023. Il suo calo è salito al 27% rispetto al Q4 del 2022 (Q3 del 2023: -23% YoY) e al 32%
vs Q4 2021 (Q3 2023: -18%).

Le esportazioni di merci russe sono state limitate dalle restrizioni al commercio estero, dalla bassa domanda nel mercato globale a causa della recessione economica globale del 2023 e dai problemi con il trasporto marittimo causati dal maltempo.

Tuttavia, le esportazioni sono state sostenute dal loro reindirizzamento dai mercati dell'UE verso il Medio Oriente e l'Asia. Secondo il Servizio doganale federale russo, la quota di destinazioni dell'UE nelle esportazioni russe è diminuita dal 46% nel periodo gennaio-novembre 2022 al 20% nel periodo gennaio-novembre 2023, mentre la quota di destinazioni in Asia è aumentata dal 48% al 72%. Inoltre, le esportazioni sono state stimolate dal buon raccolto di cereali.

Nel periodo gennaio-novembre 2023, il valore delle esportazioni di prodotti alimentari e agricoli è aumentato del 7% su base annua e di oltre il 20% rispetto allo stesso periodo del 2021.

Per quel che concerne l'opinione pubblica circa l'operato del Presidente Putin, Statista ci fornisce il punto:

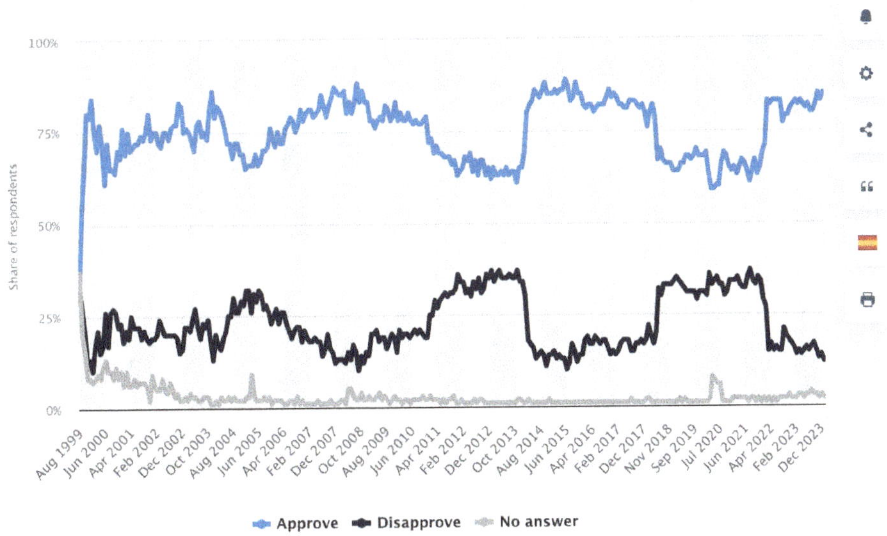

E l'Europa?
Osserviamo come cambia il GDP della UE in funzione della guerra in Ucraina

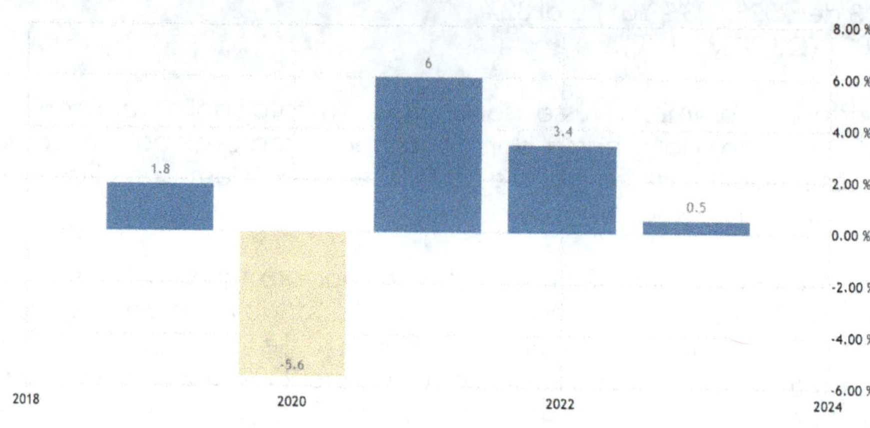

E queste sono le previsioni

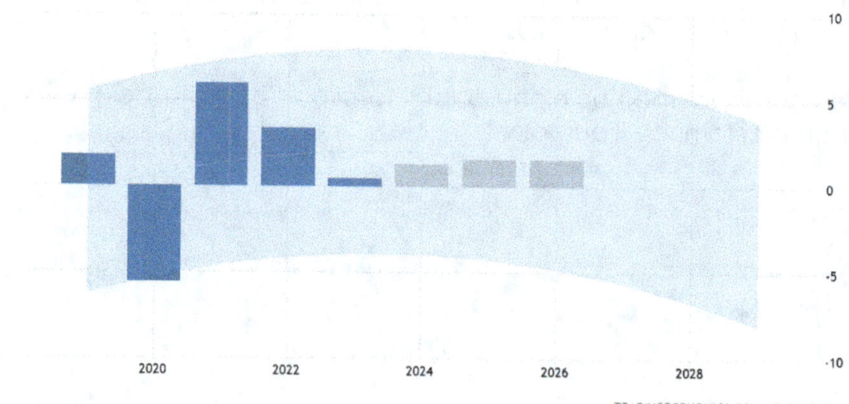

Prices	Actual	Q1/24	Q2/24	Q3/24	Q4/24
Inflation Rate (%)	2.80	2.7	2.4	2.2	1.9
Inflation Rate MoM (%)	-0.40	0.2	0.1	0.3	0.2
Consumer Price Index CPI (points)	123.60	126	126	127	126
Core Inflation Rate (%)	3.30	2.8	2.5	2.4	2.3
Core Consumer Prices (points)	116.05	118	119	120	120
GDP Deflator (points)	121.84	123	124	125	124
Producer Prices (points)	145.40	150	149	150	150
Producer Prices Change (%)	-10.60	-2.8	1.9	2.5	2.9
Food Inflation (%)	5.40	4.5	3.6	4	2.4
Energy Prices (points)	148.64	144	151	159	152
Selling Price Expectations (points)	4.60	2.3	2.8	2.5	2.3
Inflation Expectations (%)	3.30	2.4	2.2	1.9	1.7
Energy Inflation (%)	-6.10	-6	2.5	3	3.2
Producer Price Inflation MoM (%)	-0.80	0.6	0.4	0.3	0.1
CPI Housing Utilities (points)	131.33	134	132	133	132
CPI Transportation (points)	124.94	125	125	126	126

Trading Economics provides data for 20 million economic indicators from 196 countries including actual values, consensus figures, forecasts, historical time series and news. Euro Area Forecast - was last updated on Tuesday, February 27, 2024.

Ma la cosa più preoccupante è la divergenza tra inflazione e prezzi al consumo, che indica una "presa di beneficio" delle imprese, sempre più restie ad investire.

Infatti nell'UE la crescita dell'inflazione è in calo grazie alla convergenza delle politiche monetarie restrittive della BCE e al calo della domanda di beni di trasformazione (data la minore crescita della produzione), mentre i prezzi al consumo sono in aumento a causa della necessità delle imprese di compensare il costo del capitale e forse un fattore ancora più preoccupante: la tendenza al disinvestimento.

Overview GDP Labour Prices Money Trade Business Consumer Government ⬇ Export ▾

Money	Actual	Q1/24	Q2/24	Q3/24	Q4/24
Interest Rate (%)	4.50	4.5	4.25	4	3.5
Money Supply M1 (EUR Million)	10265919.00	12878284	12878284	12878284	13732258
Money Supply M2 (EUR Million)	15073281.00	16660548	16660548	16660548	17666471
Money Supply M3 (EUR Million)	16092777.00	15996000	16000000	16002500	16040000
Foreign Exchange Reserves (USD Billion)	87.40	84.5	84.5	84.3	84.6
Loans to Private Sector (EUR Million)	5135779.00	5173677	5180794	5182228	5212243
Loan Growth (%)	0.30	-1.1	-1.6	-1	-0.6
Deposit Interest Rate (%)	4.00	4	3.75	3.5	3
Lending Rate (%)	4.75	4.75	4.5	4.25	3.75

Trading Economics provides data for 20 million economic indicators from 196 countries including actual values, consensus figures, forecasts, historical time series and news. Euro Area Forecast - was last updated on Tuesday, February 27, 2024.

Questo si rispecchia nell'indice di fiducia degli imprenditori EU

C.V.D.

Nuovi modi di condurre la guerra economica

Yuan-li Wu – specialista in storia economica cinese formatosi alla London School of Economics e docente a Stanford, Vice Segretario alla Difesa dal 1969 al 1970 – ha definito che la guerra economica consiste, in sostanza, nella definizione di una specifica politica economica e di politica economica estera. In un libro del 1952[ii], Wu definì la guerra economica «l'uso di tutte quelle misure economiche internazionali che aumentano direttamente la forza relativa di un paese», consistenti principalmente in «misure a lungo termine» allo scopo di «penetrazione» e «attaccamento».

L'attacco

Il debito pubblico degli Stati Uniti è usato come cavallo di Troia per influenzare le politiche monetarie dei Paesi terzi.

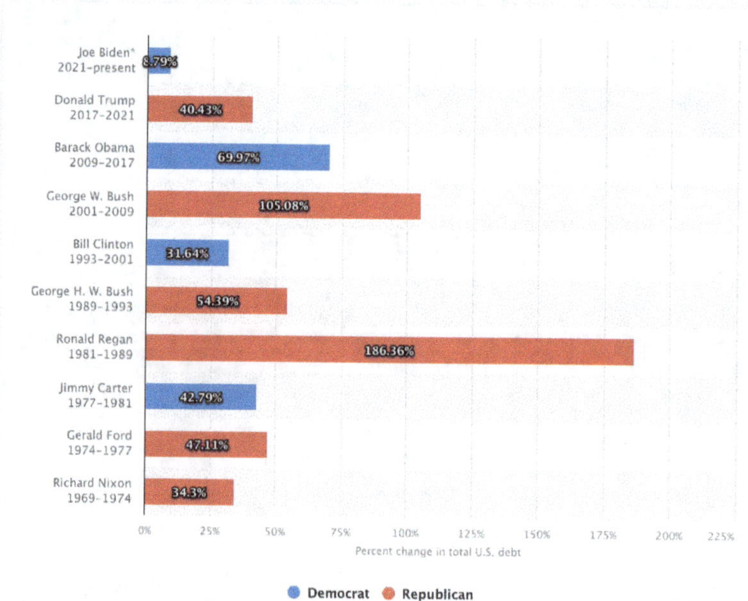

(incremento del debito pubblico USA durante il periodo di governo dei vari Presidenti)

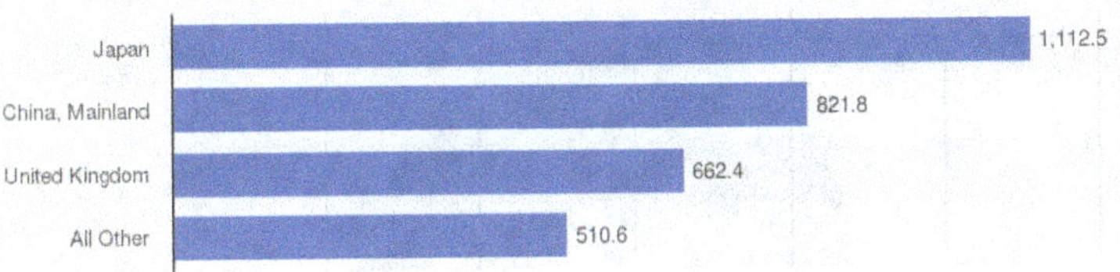

La leva monetaria è essenziale per innescare e dominare la crescita di una Nazione. Una crescita costante porta allo sviluppo, se i guadagni vengono reinvestiti in un sistema economico che migliora la crescita autosufficiente, con la ricerca e lo sviluppo tra gli altri. Quando lo Sviluppo comporta il miglioramento delle condizioni di vita della Nazione, è Progresso.

Senza la leva monetaria è impossibile innescare né gestire la crescita in modo efficiente.

Se una parte importante della ricchezza di una nazione è quotata in valuta estera non liquida, la banca centrale ha un margine di manovra limitato.

Soprattutto se questa valuta è l'USD, il cui utilizzo è inevitabile nel commercio internazionale. Se vuoi una sovvenzione, un BG, un SBLC in USD, è meglio che tu abbia titoli in USD nel tuo portafoglio.

Il rovesciamento della situazione fu tentato quando, all'indomani della crisi del 2008, le PMI americane (ma anche molte aziende più grandi) non avevano più accesso alla finanza, dato l'irrigidimento dei parametri di concessione di prestiti e la completa rivoluzione del sistema delle imprese finanziarie USA, che ha generato una carenza di liquidità (credit crunch). Questo evento ha portato le aziende produttrici americane a non poter onorare i propri debiti con i propri fornitori cinesi (nel frattempo la Cina era diventata la maggior produttrice di semilavorati, dato il basso costo della produzione e la relativa attenzione alle questioni ambientali), che quindi hanno proposto, dietro sprone del PCC alle aziende USA di convertire il proprio credito in partecipazioni, assicurando così nel contempo un continuo afflusso dei beni semilavorati con i quali avrebbero continuato ad alimentare la loro produzione.

Trump capì il gioco, da buon imprenditore, e varò una serie di embargo volti a spezzare tale iniziativa.

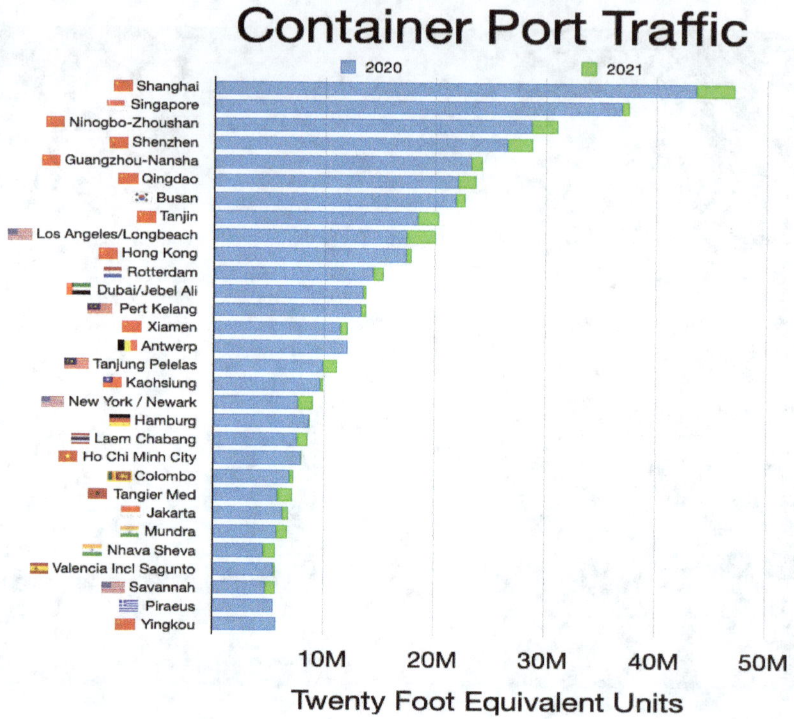

Sette dei dieci porti più importanti del mondo si trovano in Cina.

Ciò significa che ogni nave che si dirige verso un altro paese, attraverso l'Oceano, prima o poi passerà attraverso un porto cinese.

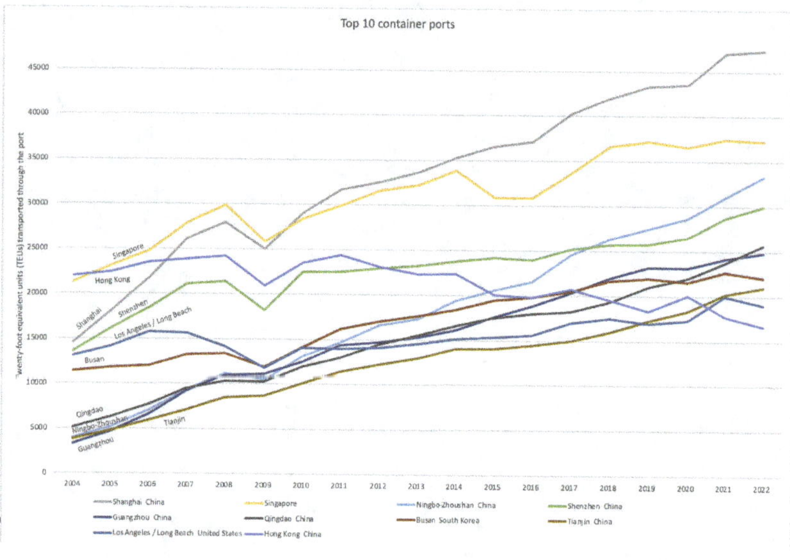

Ma cosa succede se nel porto cinese si verifica un'epidemia di una terribile malattia?

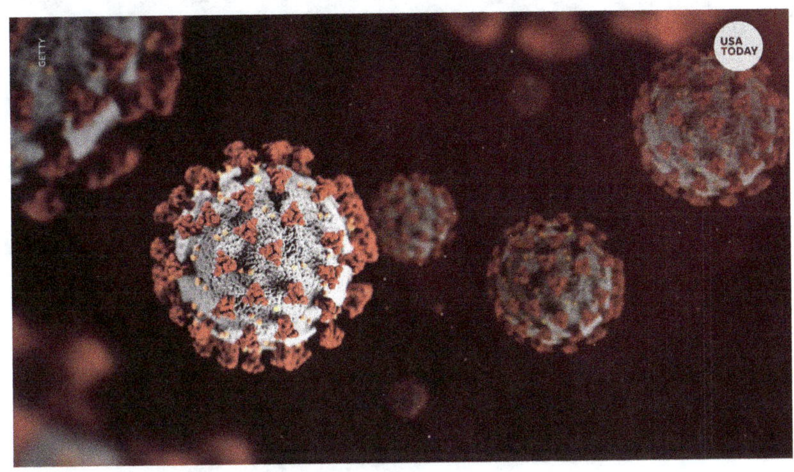

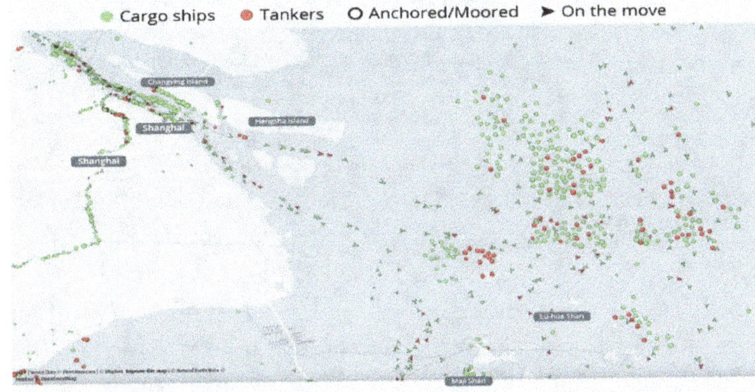

Alla fine del 2020, la media di un noleggio di 6-12 mesi per un "vecchio Panamax" da 4.400 TEU era di $ 25.000 al giorno, ma alla fine del 2021 aveva raggiunto $ 100.000 al giorno. Inoltre, anche i periodi di fissazione dei contratti si sono allungati e sono stati in media di 24 mesi nel 2021, riducendo ulteriormente la disponibilità di navi.

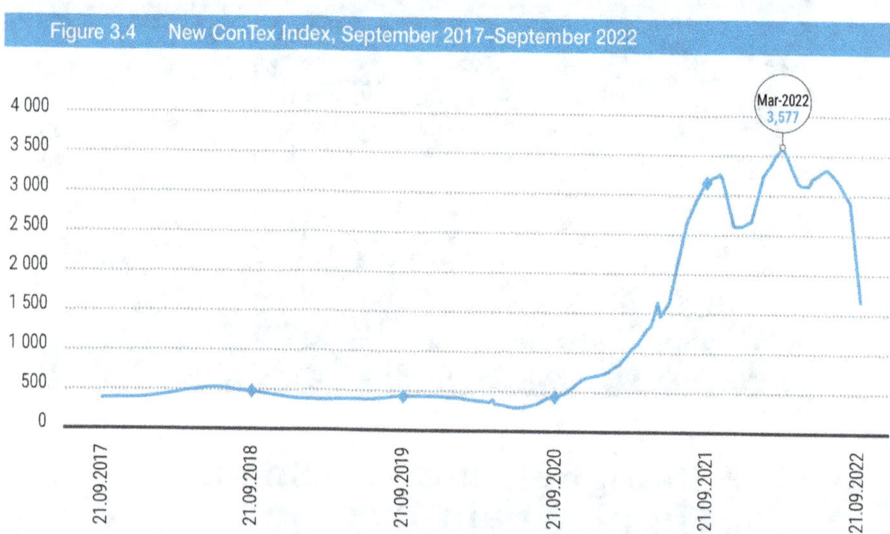

Figure 3.4   New ConTex Index, September 2017–September 2022

Source: UNCTAD secretariat, based on data from the New ConTex index for container ship chartering produced by the Hamburg Shipbrokers Association. See http://www.vhss.de (Accessed on 24 October 2022).

MPresearch

Table 3.2   Contract freight rates, inter-regional, 2018–2021, $ per 40-foot container (FEU) (July rates)

From	To	2018	2019	2020	2021	2020/19	2020/18	2021/2020	2021/2018
Africa	Africa	1 812	1 849	1 924	2 013	4.1%	6.2%	4.6%	11.09%
	Asia	748	750	775	664	3.2%	3.6%	-14.3%	-11.19%
	Europe	1 431	1 643	1 747	1 487	6.3%	22.1%	-14.8%	3.96%
	South America	2 010	1 860	1 979	1616	6.4%	-1.5%	-18.3%	-19.59%
Asia	Africa	1 800	1 927	2 112	2 733	9.6%	17.4%	29.4%	51.89%
	Asia	737	747	821	1 194	9.8%	11.4%	45.5%	62.00%
	Europe	1 782	1 847	1 916	3 285	3.8%	7.5%	71.4%	84.39%
	North America	2 426	2 603	2 711	3 820	4.1%	11.8%	40.9%	57.48%
	Oceania	1 770	1 790	1 850	2 800	3.4%	4.6%	51.3%	58.24%
	South America	2 290	2 075	2 230	3 589	7.5%	-2.6%	61.0%	56.74%
Europe	Africa	1 595	1 650	1 858	1 727	12.6%	16.5%	-7.1%	8.23%
	Asia	967	870	1 004	1 225	15.4%	3.8%	22.0%	26.61%
	Europe	804	881	976	1 077	10.7%	21.3%	10.3%	33.84%
	North America	1 518	1 742	2 256	2 304	29.5%	48.7%	2.1%	80%
	Oceania	1 996	1 933	2 077	2 319	7.4%	4.1%	11.7%	16.18%
	South America	1 019	1 302	1 376	1 465	5.6%	35.0%	6.5%	43.79%
North America	Africa	2 890	3 112	2 981	2 639	-4.2%	3.2%	-11.5%	-8.66%
	Asia	1 009	1 111	1 269	1 385	14.2%	25.8%	9.17%	37.29%
	Europe	858	1 109	1 323	1 053	19.3%	54.2%	-20.4%	22.75%
	North America	1 534	1 429	1 584	1 362	10.8%	3.2%	-14.0%	-11.22%
	Oceania	2 538	2 634	2 996	2 475	13.8%	18.1%	-17.4%	-2.47%
	South America	1 254	1 318	1 486	1 064	12.7%	18.5%	-28.4%	-15.15%
South America	Africa	1 778	1 951	2 000	2 187	2.5%	12.5%	9.3%	22.99%
	Asia	1 623	1 963	1 802	1 841	-8.2%	11.0%	2.2%	13.42%
	Europe	1 313	1 977	1 961	1 767	-0.8%	49.3%	-9.9%	34.52%
	North America	1 521	1 882	1 745	1 969	-7.3%	14.7%	12.9%	29.50%
	South America	1 349	1 699	1 539	1 243	-9.4%	14.1%	-19.2%	-7.84%

Ciò ha comportato un aumento dei costi dei prodotti grezzi e semilavorati, essenziali per la sussistenza e l'autonomia dell'Occidente e soprattutto degli Stati Uniti: un colpo dritto al cuore delle certezze dell'Occidente

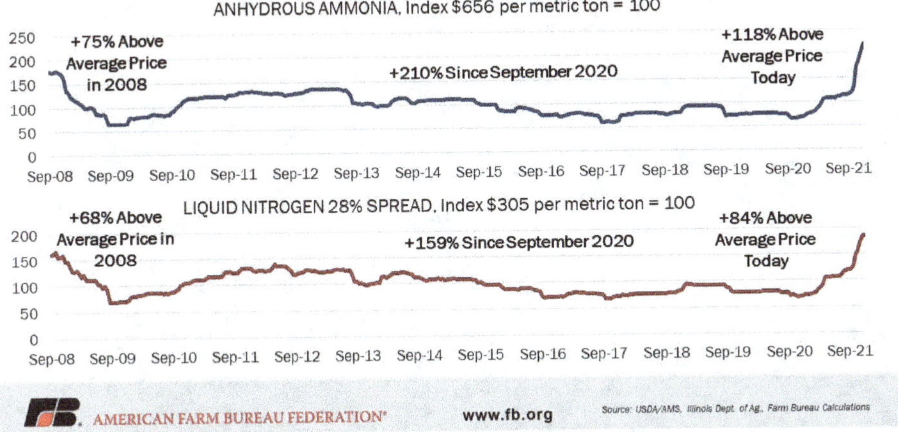

Inoltre, il Covid è stato utilizzato secondo la Dottrina delle Tre Guerre: adozione di metodi "cinesi", antitetici ai valori alla base dei principi della democrazia occidentale

Gli USA hanno reagito andando a declassare il debito privato cinese delle aziende faro operanti nel settore economico che la Cina aveva scelto per trainare l'economia: il settore edile, previa una campagna di informazione diffusa circa la difficoltà di vendere gli appartamenti costruiti (fattore peraltro – per chi conosce la macroeconomia - poco rilevante). Questo ha causato la crisi di alcuni grandi operatori.

CHINA MARKETS

Ratings agencies downgrade China Evergrande as concerns over junk bonds rise

PUBLISHED THU, JUL 29 2021·3:41 AM EDT | UPDATED FRI, JUL 30 2021·3:14 AM EDT

Major credit ratings agencies this week downgraded China's most indebted property developer Evergrande ⊞, as concerns over Asia's junk bond sector rise.

Fitch Ratings on Wednesday downgraded China Evergrande two notches from B to CCC+, saying that the negative developments surrounding Evergrande may weaken investor confidence, further pressuring its liquidity.

A rating of CCC+ means there's a "real possibility" of a default, from the previous B rating — which means there is material default risk, but a limited margin of safety remains.

La Cina ha reagito come da copione delle Tre Guerre usando le leggi dell'avversario per infliggergli un danno: ha fatto ricorso alla rinegoziazione del debito in mano agli investitori americani, facendo quindi assorbire loro la perdita del settore.

CHINA EVERGRANDE GROUP

中 國 恒 大 集 團

(Incorporated in the Cayman Islands with limited liability)

(Stock Code: 3333)

INSIDE INFORMATION
PROPOSED RESTRUCTURING OF OFFSHORE DEBTS
QUARTERLY BUSINESS UPDATE

This announcement is made by China Evergrande Group (the "**Company**", together with its subsidiaries, the "**Group**") pursuant to Part XIVA of the Securities and Futures Ordinance (Chapter 571 of the Laws of Hong Kong) and Rule 13.09 and Rule 13.24A of the Rules Governing the Listing of Securities on The Stock Exchange of Hong Kong Limited.

1.   RECENT EVENTS

The Company and its advisers have in the past few months engaged in constructive dialogue with various stakeholders of the Company on the proposed restructuring of the offshore indebtedness of the Group (the "**Proposed Restructuring**").

Progress has been made with a number of major holders of: (a) the U.S. dollar denominated senior secured notes in the aggregate principal amount of US$13,922.5 million issued by the Company (the "**Existing CEG Notes**") and (b) the U.S. dollar denominated senior notes in the aggregate principal amount of US$5,226.0 million issued by Scenery Journey Limited ("**SJ**") and guaranteed

Ma continueremo in seguito a parlarne.

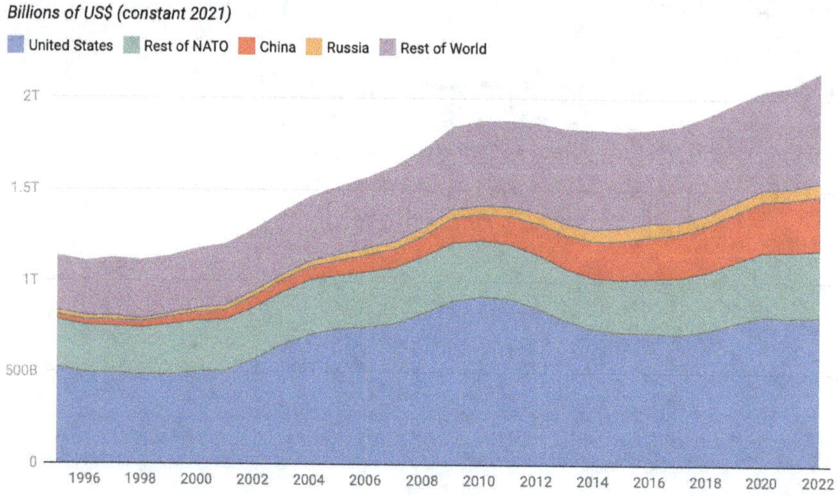

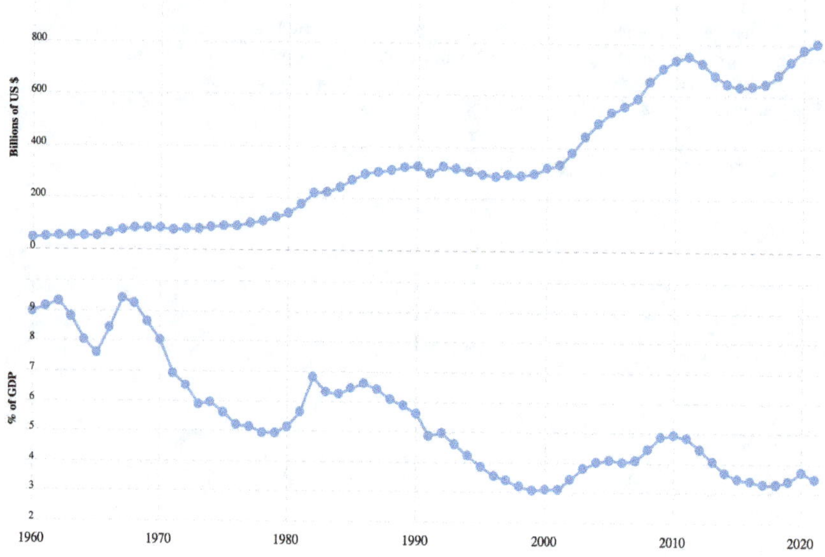
Budget USA per la difesa (fonte: World Bank)

Il budget della difesa degli Stati Uniti

per il 2023 include:

- 56,5 miliardi di dollari per l'aviazione. I fondi sono focalizzati sui caccia F-35 di quinta generazione, sugli F-15EX (una combinazione di velivoli di quarta generazione con avionica di quinta generazione), sul bombardiere stealth B-21 Raider, su ulteriori ponti aerei, sui tanker KC-46 e sui droni.

- Per la marina, ci sono 40,8 miliardi di dollari per la costruzione di nove navi da guerra, tra cui una portaerei di classe Ford e due sottomarini lanciamissili di classe Columbia.

- 12,6 miliardi di dollari per la modernizzazione delle attrezzature da combattimento dell'esercito e dei marines, compresi i veicoli corazzati multiuso, i veicoli anfibi e i droni terrestri

- 34,4 miliardi di dollari per l'aggiornamento dei sistemi di armi nucleari e del sistema di comando, controllo e comunicazione.

- 7,2 miliardi di dollari stanziati per una batteria di missili ipersonici entro il 2023, missili ipersonici ipersonici mare-terra entro il 2025 e missili da crociera ipersonici entro il 2027 (devono raggiungere i russi)[iii]

- Altri 24,7 miliardi di dollari vanno al supporto operativo e alle iniziative di difesa missilistica, inclusi 892 milioni di dollari per la difesa di Guam contro i missili cinesi.

- 11,2 miliardi per la guerra cibernetica

- 27,6 miliardi di dollari per lo spazio, dal rilevamento dei lanci di missili ai satelliti GPS e per il rafforzamento dei sistemi di TLC satellitari.

Questo tipo di allocazione delle risorse è tipico dell'approccio dato alla politica estera degli Stati Uniti dalla Dottrina Monroe con i suoi corollari Roosevelt e Marshall: proiezione della forza degli Stati Uniti oltre i confini nazionali per combattere le minacce agli interessi nazionali.

L'implementazione delle soluzioni può iniziare a partire dal 2024, ma non sarà completata prima del 2029. La velocità è quindi la sfida che gli Stati Uniti devono affrontare.

Il Piano Strategico Nazionale per la Difesa afferma che la Repubblica Popolare Cinese (RPC) è l'unico concorrente degli Stati Uniti con l'intento e, sempre più, la capacità di rimodellare l'ordine internazionale. Di conseguenza, il Piano strategico nazionale per la difesa del 2022 identifica la RPC come "la sfida che deve dare tempo", secondo il Dipartimento della Difesa[iv].

"I paesi occidentali, guidati dagli Stati Uniti, hanno attuato un contenimento, un assedio e una compressione pervasivi contro di noi, portando gravi minacce allo sviluppo della nostra nazione mai viste prima".[v]

Budget per la difesa della Repubblica Popolare Cinese (Fonte: World Bank)

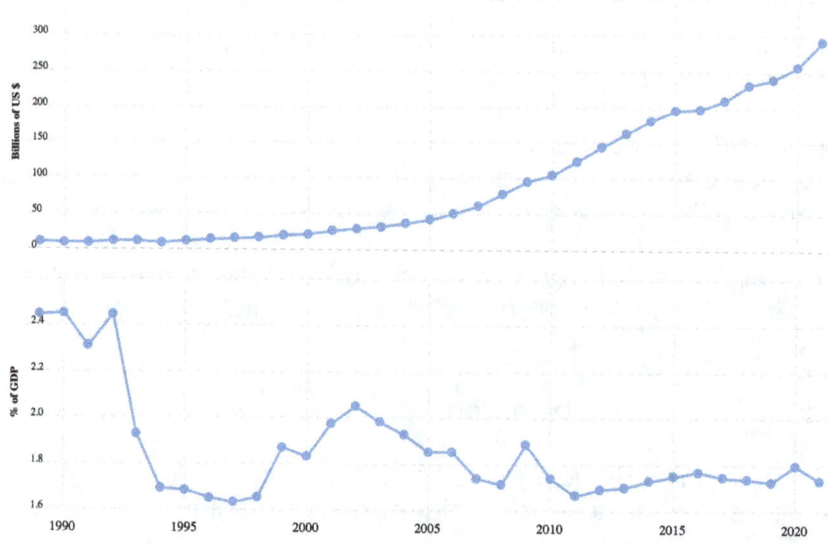

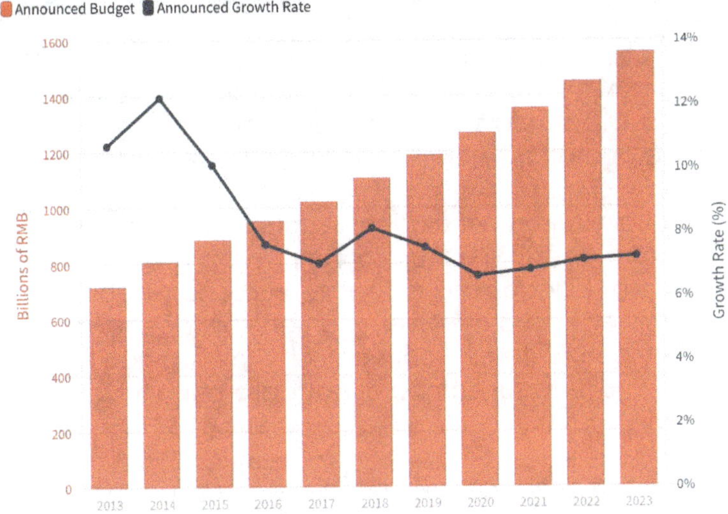

Source: CSIS China Power Project; Chinese Ministry of Finance
Note: Actual spending differs slightly from announced budget figures.

Dal punto di vista delle sfide che la Cina sta affrontando, esse sono legate al concetto delle cinque incapacità, introdotto da Xi Jinping nel 2015 come critica specifica alle lacune e alle carenze che, secondo lui, affliggono alcuni ufficiali dell'Esercito popolare di liberazione cinese (PLA).

Questo concetto rappresenta una serie di sfide operative e decisionali che, se non adeguatamente affrontate, potrebbero compromettere seriamente le capacità militari della Cina in caso di conflitto.

Le "cinque incapacità"
identificate da Xi Jinping includono:

1. Incapacità di giudicare efficacemente le situazioni: questa incapacità suggerisce una mancanza di capacità di analizzare rapidamente e accuratamente le situazioni sul campo di battaglia, valutare le minacce e prendere decisioni informate in risposta alle mutevoli dinamiche di una situazione di conflitto.

2. Incapacità di comprendere le intenzioni delle autorità superiori: indica una mancanza di chiarezza o comprensione riguardo alle direttive e alle intenzioni delle autorità di comando superiori. Comprendere le strategie e gli obiettivi più elevati è fondamentale per l'esecuzione efficace delle operazioni militari. Incapacità di prendere decisioni operative: questo punto evidenzia la difficoltà degli ufficiali a

prendere decisioni operative rapide e ben ponderate sul campo, che sono cruciali per il successo nelle operazioni militari.

3. Impossibilità di schierare truppe: indica una difficoltà nell'organizzare e schierare le truppe in modo efficiente e tempestivo. Questa capacità è essenziale per rispondere prontamente alle minacce e condurre operazioni militari in modo efficace.

4. Incapacità di affrontare situazioni impreviste: Rappresenta la difficoltà nel gestire e adattarsi a situazioni impreviste o contingenti sul campo di battaglia. L'incapacità di reagire in modo flessibile ed efficace a eventi imprevisti può mettere seriamente a repentaglio il successo di un'operazione militare. Si consideri che la Cina non ha avuto alcuna esperienza diretta sul campo di battaglia per anni, a differenza degli Stati Uniti.

Anche per la Cina sembra essere necessario un orizzonte temporale di qualche anno per risolvere queste criticità. Questa è la direzione dei colloqui di novembre 2023 tra Biden e Xi: guadagnare tempo.

Come si finanzia una guerra

Durante la guerra, lo stato si concentra sulla produzione di beni e servizi necessari per guidare e sostenere lo sforzo bellico. Ci sono alcune caratteristiche comuni che gli economisti spesso associano a un'economia di guerra.

Mobilitazione delle risorse: durante un periodo di guerra, c'è una massiccia mobilitazione di risorse economiche, umane e materiali. Gli economisti Kenneth Arrow e Franco Modigliani scrissero in un articolo del 1954: «La guerra è la più grande sfida per l'organizzazione economica di una società».

1. Produzione orientata alla difesa: in un'economia di guerra, la produzione è principalmente orientata verso la produzione di beni e servizi necessari per la difesa nazionale. Gli economisti Paul Samuelson e Alvin Hansen, nel loro libro del 1948 "A Guide to Keynes", affermarono: "In tempo di guerra, l'intera economia è diretta verso il compito di far fronte alla minaccia esterna".

2. Controllo statale e pianificazione centralizzata: durante i periodi di guerra, i governi spesso assumono un maggiore controllo sull'economia. La pianificazione centralizzata diventa un luogo comune, con l'intervento dello Stato nella produzione, distribuzione e gestione delle risorse. John Maynard Keynes, uno degli economisti più influenti del XX secolo, ha sottolineato l'importanza dell'intervento del governo nella gestione dell'economia di guerra.

3. Aumento della spesa pubblica: l'economia di guerra comporta spesso un aumento significativo della spesa pubblica. I governi investono considerevoli risorse finanziarie nella produzione di attrezzature militari, nell'addestramento delle forze armate e in altre attività legate alla difesa. Il governo è il più grande cliente e il più grande consumatore di risorse.

4. Dare priorità alla produzione bellica: gli economisti tendono a sottolineare che in un'economia di guerra, la priorità è data alla produzione di beni direttamente associati allo sforzo bellico. Come ha affermato John Kenneth Galbraith nel suo libro del 1975 "Economics and the Public Purpose": "In un'economia di guerra, la produzione di beni di consumo è trascurata a favore della produzione di beni di guerra".

Ma come si finanzia una guerra?

In divesi modi:

Tasse di guerra: uno dei modi più diretti per finanziare una guerra è attraverso l'aumento delle tasse. I governi possono introdurre nuove tasse o aumentare quelle esistenti per generare entrate aggiuntive per sostenere lo sforzo bellico.

Confisca delle risorse: In situazioni estreme, i governi possono confiscare risorse private, come proprietà o beni economici, per finanziare la guerra. Questa misura è stata storicamente utilizzata in tempi di emergenza.

Riduzione delle spese non essenziali: i governi in guerra spesso cercano di liberare risorse finanziarie riducendo le spese non essenziali in settori come l'istruzione, la sanità, i beni di consumo e le infrastrutture non coinvolte nella guerra.

Contributi internazionali: nei conflitti internazionali, le nazioni coinvolte possono ricevere sostegno finanziario sotto forma di prestiti o donazioni dirette da parte di paesi alleati. Questo sostegno può provenire da organizzazioni internazionali o accordi bilaterali.

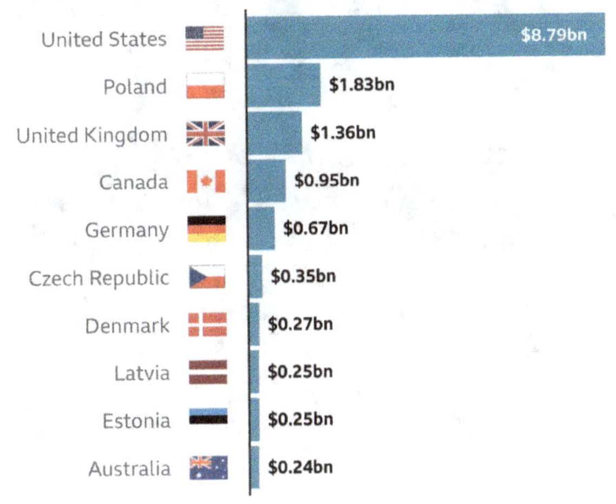

Largest donors of military aid to Ukraine

Commitments made by donor countries for arms and equipment, 24 Jan to 3 Aug

Prestiti: l'emissione di titoli di debito è una pratica comune per finanziare una guerra.

I governi emettono obbligazioni di guerra o altri tipi di titoli che vengono acquistati da investitori, istituzioni finanziarie o persino cittadini.

Monetizzazione del debito: un governo emette nuova moneta per finanziare il debito pubblico. In altre parole, la banca centrale crea nuovo denaro per acquistare titoli di debito già emessi dal governo, ossia trasforma la parte meno liquida della massa monetaria in parte liquida.

Stampa di valuta e controllo dei tassi di cambio: alcuni governi in guerra possono cercare di controllare il loro mercato valutario e dei cambi per stabilizzare l'economia e generare risorse finanziarie aggiuntive

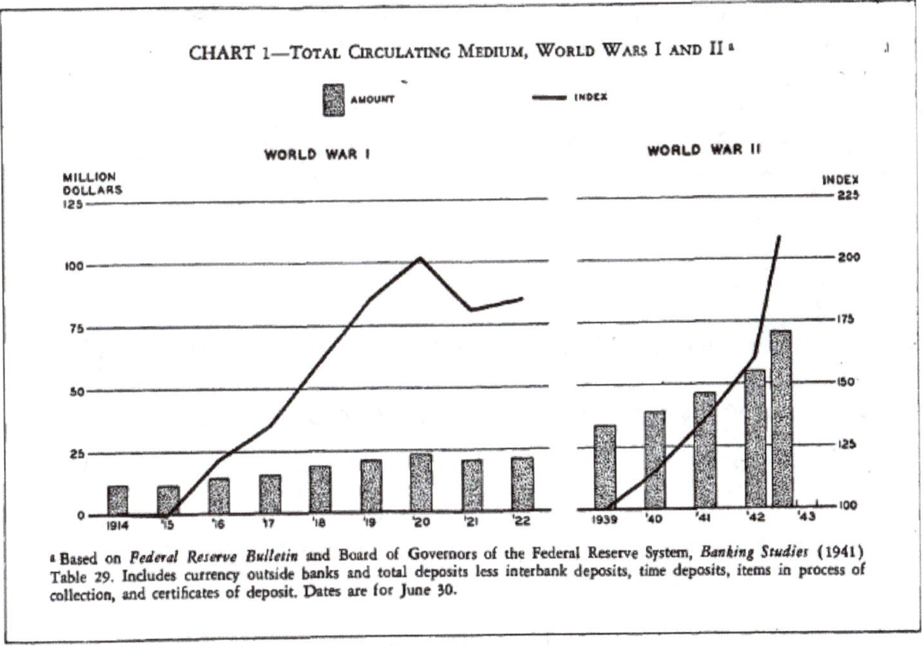

a Based on *Federal Reserve Bulletin* and Board of Governors of the Federal Reserve System, *Banking Studies* (1941) Table 29. Includes currency outside banks and total deposits less interbank deposits, time deposits, items in process of collection, and certificates of deposit. Dates are for June 30.

Si va verso un'economia di guerra?

Cerchiamo la risposta a questa domanda

E dove la cerchiamo? Verificando se ci sono discrasie o sconvolgimenti tra ciò che normalmente accade nell'economia, anche se in uno stato di guerra economica e di riarmo, e come si muove uno qualsiasi degli indicatori sensibili.

Prendiamo l'offerta di moneta nel nostro caso, studiando la dinamica degli aggregati.

Gli aggregati monetari non considerano il denaro come un mezzo di scambio, ma come uno stock di valore.

Sono denominati M1, M2 e M3 e rappresentano le diverse forme di offerta di moneta di un paese. Queste classificazioni sono utilizzate dagli economisti e dalle banche centrali per comprendere la disponibilità e la circolazione complessiva del denaro all'interno di un'economia.

1. M1:
M1 rappresenta la definizione più ristretta dell'offerta di moneta e include le attività più liquide che possono essere rapidamente convertite in contanti o in contanti stessi.

Componenti:
- Valuta in circolazione (moneta fisica, monete e banconote).
- Depositi a vista (conti correnti) presso le banche.

2. M2:
M2 è una misura più ampia dell'offerta di moneta rispetto a M1, che comprende una gamma più ampia di attività che sono ancora relativamente liquide.

Componenti: Oltre ai componenti di M1, M2 include:
- Conti di risparmio.
- Depositi a termine (ad es. certificati di deposito) con scadenza inferiore a un anno.
- Fondi comuni di investimento del mercato monetario non istituzionali.

3. M3:
M3 è la misura più ampia dell'offerta di moneta e comprende una gamma più ampia di attività finanziarie, alcune delle quali potrebbero non essere liquide come quelle di M1 e M2.

Componenti: Oltre ai componenti di M2, M3 include M0:

- Depositi a lungo termine.
- Accordi di rimborso.
- Fondi comuni di investimento istituzionali del mercato monetario

Ora, questo è il prodotto interno lordo degli USA

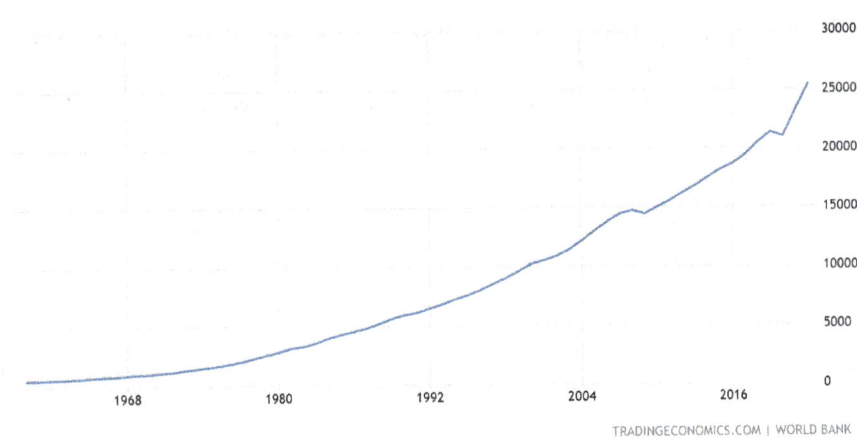

E questo l'andamento delle tre forme di valuta

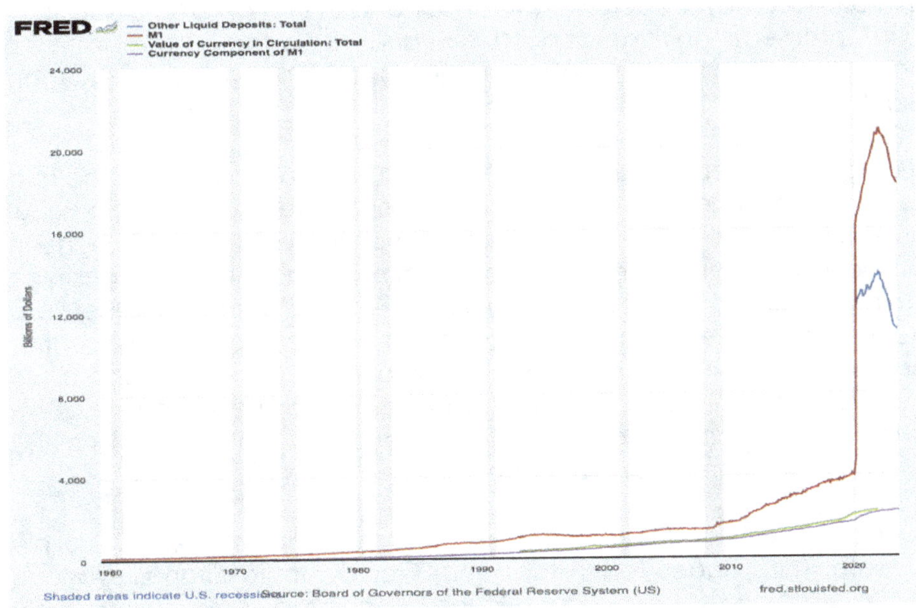

Confrontando i grafici della massa monetaria in circolazione e del PIL degli
Stati Uniti, vediamo che le manovre monetarie hanno sempre seguito, non

anticipato, i movimenti del PIL. L'atteggiamento "passivo" della Fed rispecchia l'ideale liberale dell'economia statunitense.

Tuttavia, se invece inseriamo il grafico relativo a M0, la valutazione è diversa. Cioè, l'offerta totale di moneta ha avuto un andamento diverso da quello in circolazione, favorendo l'accumulo di riserve.

Queste riserve possono essere smobilitate, come abbiamo appena visto, e possono essere utilizzate per sostenere un intenso sforzo bellico, senza sbilanciare eccessivamente l'inflazione, se fatte con gradualità pianificata.

Una misura lungimirante, se si ha l'intenzione di entrare in guerra.

Ora, la schermaglia tra USA e Cina continua anche su altri fronti, di cui Taiwan è solo la porzione visibile. Il controllo dei traffici marini attraverso lo Stretto di Malacca è essenziale.

Ma questa serie di attriti USA e Cina ha posto in evidenza alcuni meccanismi che possono a prima vista esser sfuggiti.

The Economist, certo una testata non Rep, segnala che i 120 Paesi Non Allineati hanno approfittato di questa crisi per rinsaldare i propri legami, rinforzare la propria cooperazione comportandosi in maniera "piratesca", talvolta, ammettendo transazioni finanziarie di soggetti sottoposti ad embargo occidentale (al quale non aderiscono proprio perché... non allineati)

E qui esce fuori il problema legato alla diffusione del dollaro che, se da una parte ha consentito e consente agli USA di mantenere una forte emprise sul commercio mondiale (che viene ancora regolato per la maggior parte in dollari, nonostante gli esperimenti sino-emiratini per la creazione e gestione della valuta digitale cinese e russo-indio-sino-iraniani per la gestione delle transazioni in rubli e yuan), dall'altra parte facilita lo scambio contro-embargo di denaro da parte di banche non allineate. Ossia: io posso usare una valuta franca (il dollaro) già in mio possesso per effettuare transazioni che violano l'embargo imposto da chi quella moneta l'ha voluta e "me l'ha data con l'intenzione di condizionarmi".

Traduco da The Economist: "Eppure c'è un secondo modo, sempre più importante, in cui i paesi terzi ostacolano l'Occidente: facilitano l'evasione pur continuando a usare il dollaro. Alcune banche straniere sono molto più rilassate riguardo al controllo rispetto ai loro omologhi americani ed europei, e la maggior parte delle loro attività viene ora svolta senza toccare le coste americane. Mentre prima si affidavano alle filiali americane per il finanziamento in dollari, ora hanno 13 trilioni di dollari – equivalenti a più della metà delle passività in dollari del sistema bancario americano – presi in prestito da fonti offshore."[vi]

Come fare per tornare a governare questa enorme massa di soldi?

Intanto cercando di fare in modo che tornino sotto il controllo fisico degli USA. Come?

Il sito web di Donald J. Trump, l'autore come dicevamo delle politiche di contrasto alla Cina, dichiara "Il presidente Trump ha affrontato pratiche commerciali sleali, ha imposto dazi alla Cina che hanno portato miliardi di dollari nelle casse federali, ha ampliato l'agricoltura americana e ha aperto migliaia di nuove fabbriche. Il presidente Trump attuerà un piano di reshoring nazionale di 4 anni in modo che gli Stati Uniti non debbano più fare affidamento sulla Cina per i beni medici essenziali e di sicurezza nazionale e vieterà la proprietà cinese di tutte le infrastrutture critiche negli Stati Uniti. Riporteremo in auge le nostre catene di approvvigionamento e trasformeremo l'America nella superpotenza manifatturiera del mondo."[vii]

Un tale fermento nell'economia reale non può avverarsi senza una corrispondente innovazione delle pratiche finanziarie e degli strumenti di leva, atte a sostenere l'economia reale. Quindi è naturale che investimenti finanziari negli USA possano rivelarsi particolarmente interessanti per gli investitori istituzionali. Questo farebbe rientrare negli USA parte di quei miliardi non sotto il loro controllo.

Inoltre, all'aumento di liquidità "contante" o similare, andrebbe a corrispondere ad una diminuzione della moneta "meno liquida", andando ad azzerare l'impatto sulla massa monetaria totale, e quindi impedendo l'innescarsi di spirali inflazionistiche da quantità di moneta.

Cap. 1 - Due minuti a mezzanotte, da ~~tanto~~ troppo tempo

Due sono state le grandi eredità della seconda guerra mondiale:

- La totale subordinazione dell'Europa alle due Superpotenze
- La bomba atomica

A seguito delle devastazioni, le ex potenze imperiali non avevano più la capacità finanziaria e militare di mantenere i loro vasti territori. Né i loro popoli erano più disposti a pagare i costi dell'impero, sia in denaro che in sangue. Inoltre, laddove un tempo gli imperi avevano avuto a che fare con popoli divisi o acquiescenti, ora si trovavano sempre più di fronte a movimenti nazionalisti assertivi e, in alcuni casi, ben armati. La sconfitta delle forze europee in tutta l'Asia ha contribuito a distruggere il mito del potere europeo.

Gli inglesi si ritirarono dall'India nel 1947, lasciando dietro di sé due nuovi paesi: India e Pakistan. Birmania, Sri Lanka e Malesia hanno seguito la strada dell'indipendenza non molto tempo dopo. Gli olandesi combatterono una guerra persa, ma alla fine concessero l'indipendenza all'Indonesia, le ex Indie orientali olandesi, nel 1949. La Francia cercò di riconquistare le sue colonie in Indocina, ma fu costretta a fuggire nel 1954 dopo un'umiliante sconfitta per mano delle forze vietnamite. Gli imperi africani degli europei si sono sgretolati negli anni 1950 e nei primi anni 1960. Le Nazioni Unite sono cresciute da 51 nazioni nel 1945 a 189 entro la fine del secolo.

A causa della guerra fredda, non c'è stato un accordo di pace globale dopo la seconda guerra mondiale come c'era stato nel 1919. Invece c'erano una serie di accordi separati o decisioni ad hoc. In Europa la maggior parte dei confini che erano stati stabiliti alla fine della prima guerra mondiale furono ripristinati. Ma l'Europa rimase spartita fino agli anni '90.

Senza fonti controllate autoritariamente di materie prime, l'Europa – che già doveva ricostruirsi - ha dovuto imparare a trovare sui mercati internazionali I beni di cui aveva bisogno per il sostentamento, l'energia e il cibo, e ad adottare il modello capitalistico o quello socialista – ambo internazionalisti.

Ambo i sistemi giovarono all'Europa, tanto che la produzione industriale europea tornò ai livelli pre-guerra in meno di un decennio, per poi esplodere in tutti gli anni '60, e il GDP a seguire:

Table 3. Levels and Rates of Growth of Real GDP/Person, 1950-95 ($1990GK and % per year)

   a) 1950-73

	Y/P 1950	Y/P 1973	Growth Rate, 1950-73
Switzerland	9064	18204	3.08
Denmark	6943	13945	3.08
UK	6939	12025	2.42
Sweden	6739	12494	3.06
Netherlands	5971	13081	3.45
Belgium	5462	12170	3.54
Norway	5430	11324	3.24
France	5186	12824	4.02
West Germany	4281	13153	5.02
Finland	4253	11085	4.25
Austria	3706	11235	4.94
Italy	3502	10634	4.95
Ireland	3453	6867	3.03
Spain	2189	7661	5.60
Portugal	2086	7063	5.45
Greece	1915	7655	6.21

viii

Questa crescita, questa Età dell'Oro[ix], internamente, fu resa possibile dalla contemporaneità di un elevato livello di investimenti ed un elevato rendimento degli stessi, garantita dalla ridondanza positiva del rapporto tra investitori e manodopera.

Eichengreen (1996) indicò che la moderazione salariale e la crescita delle esportazioni stavano rendendo gli investimenti attraenti e redditizi.

Questi a loro volta erano dovuti a modelli socioeconomici e politiche governative che erano nettamente diverse da quelle perseguite prima della guerra. Eichengreen vide un accordo implicito tra lavoratori e investitori che è simile ai contratti impliciti che Aoki (1988) descrisse in quella che chiamò la J-firm, tipica del Giappone del dopoguerra.

L'accordo era che i lavoratori non avrebbero spinto per salari più alti se gli investitori avessero fatto investimenti produttivi che, nel tempo, avrebbero creato posti di lavoro e aumentato i salari.

Gli investitori avrebbero accettato di investire a condizione che i lavoratori non avessero cercato immediatamente di prendere tutti i guadagni in salari più alti.

Ma tra l'ottobre 1973 e il gennaio 1974 i prezzi mondiali del petrolio quadruplicarono. Mettendo fine a decenni di energia a basso costo, la crisi petrolifera del 1973-74, guidata da membri arabi dell'Organizzazione dei paesi esportatori di petrolio (OPEC), ha esacerbato le difficoltà di bilancio che affliggevano molte nazioni industrializzate[x], ha costretto i paesi in via di sviluppo a finanziare le loro importazioni di energia attraverso prestiti esteri e ha generato grandi eccedenze per gli esportatori di petrolio.

La crisi petrolifera del 1973-74 seguì anni di negoziati spesso aspri tra i membri dell'Organizzazione dei paesi esportatori di petrolio (OPEC) e le compagnie petrolifere occidentali sulla produzione di petrolio e sui livelli dei prezzi. Ma fu una crisi spontanea, ciclica, dovuta all'ingordigia dei Paesi produttori?

In realtà la decisione di Richard Nixon di togliere gli Stati Uniti dal gold standard nel 1971[xi] fu di particolare importanza nel contribuire alla crisi petrolifera. Poiché i prezzi del petrolio erano denominati in dollari, la svalutazione che ha accompagnato la fine del regime monetario di Bretton Woods ha avuto un impatto negativo sui paesi esportatori di petrolio e ha portato i funzionari dell'OPEC a prendere in considerazione misure correttive, come il prezzo del petrolio in oro anziché in dollari.

Poco venne da questi sforzi fino all'ottobre 1973, quando i membri arabi dell'OPEC, in risposta allo scoppio della guerra dello Yom Kippur, aumentarono il prezzo del greggio del 70% e posero un embargo sulle esportazioni verso gli Stati Uniti e altre nazioni alleate con Israele.

Sebbene i combattimenti si fossero conclusi a fine ottobre, l'OPEC ha continuato a usare "l'arma petrolifera" nei mesi successivi. A novembre gli esportatori di petrolio hanno tagliato la produzione del 25% al di sotto dei livelli di settembre e il mese successivo hanno raddoppiato il prezzo del greggio. Nel gennaio 1974 i prezzi mondiali del petrolio erano quattro volte superiori a quelli che erano stati all'inizio della crisi.

Il risultato per l'Europa? Crescita interrotta e poi dimezzata, come si evince dal grafico e dalla tabella che seguono.

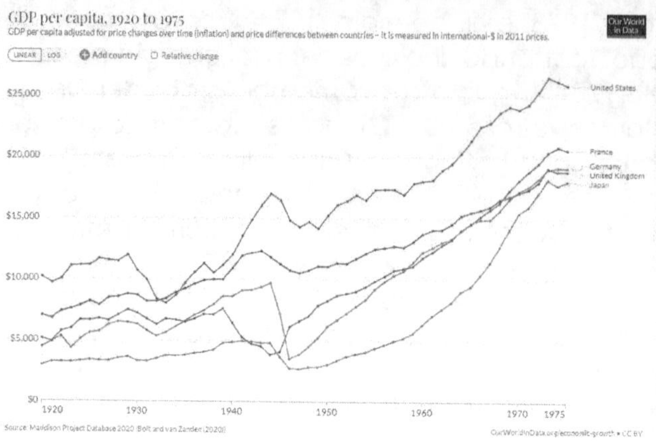

b) 1973-95

	Y/P 1973	Y/P 1995	Growth Rate, 1973-95
Switzerland	18204	20627	0.58
Denmark	13945	20350	1.74
Sweden	13494	17648	1.23
West Germany	13153	19849	1.92
Netherlands	13081	18700	1.65
France	12824	18206	1.61
Belgium	12170	18270	1.87
UK	12025	17586	1.75
Norway	11324	21578	2.96
Austria	11235	17959	2.16
Finland	11085	15970	1.88
Italy	10634	17216	2.21
Spain	7661	13132	2.48
Greece	7655	10321	1.37
Portugal	7063	11614	2.29
Ireland	6867	12734	2.85

la crisi petrolifera, e la conseguente difficoltà economica dei nuclei famigliari, accelerò le dinamiche di rottura del patto tra lavoratori e investitori.

Nei Paesi del Patto di Varsavia, nel frattempo, la ripartenza avveniva su presupposti totalmente diversi

La storia degli anni del dopoguerra dell'Unione Sovietica appare notevole quasi quanto la storia della guerra. L'URSS arrivò alla vittoria nel 1945 solo dopo essersi avvicinata alla sconfitta totale.

Nel 1945 l'Armata Rossa occupò Tallinn, Riga, Vilnius, Varsavia, Berlino, Vienna, Praga, Budapest e Sofia, ma dietro l'esercito il paese giaceva in rovina. La sua gente aveva sofferto 25 milioni di morti premature. I sopravvissuti erano profondamente stanchi. Molti speravano nella riconciliazione e nel rilassamento delle costrizioni politiche ed economiche.

Nonostante ciò, negli anni immediatamente successivi alla guerra, l'economia e la politica sovietiche tornarono rapidamente alla loro forma precedente.

Si verificò una rinnovata mobilitazione politica ed economica. La resilienza economica si rifletteva nella rapida ripresa economica sovietica del dopoguerra. La resilienza politica può essere vista nel rapido consolidamento del sistema politico di Stalin: non ci sarebbero state riforme per un decennio.

Le rigide gerarchie del controllo di partito e di stato non furono allentate, ma al contrario furono rafforzate, mentre le frontiere furono spinte verso l'esterno verso le rive del Baltico e verso l'Europa centrale.

Cosa ha consentito all'economia politica stalinista la sua rinascita postbellica?

Inquadriamo la ripresa sovietica in un contesto europeo più ampio. Il risultato è un enigma: in gran parte dell'Europa c'era una chiara associazione tra prosperità postbellica e riforme economiche e sociali, ma non in Unione Sovietica.

Uno sguardo alle istituzioni sovietiche del dopoguerra alla fine del 1940 suggerisce che semmai erano più centralizzate, militarizzate, segrete e punitive rispetto alla fine del 1930.

Ma allora dobbiamo guardare altrove. La rapida ripresa economica sovietica dalla seconda guerra mondiale diventa meno sorprendente se si tiene conto del grande arretrato di potenziale non sfruttato dell'economia sovietica, non tutto utilizzato a causa della guerra.

In un certo senso, le istituzioni sovietiche immutate potevano operare in modo più efficiente di prima: la guerra diede a Stalin nuove informazioni sui suoi nemici, e lui poté sfruttarle temporaneamente per migliorare la qualità della repressione.

Per riassumere, un grande arretrato di potenziale economico non sfruttato e una repressione più efficiente erano due fonti di resilienza economica sovietica del dopoguerra, ma la loro caratteristica comune era che erano entrambi temporanei[xii].

Nel caso sovietico, la centralizzazione del potere consentì la canalizzazione degli investimenti, e l'imposizione di un bilanciamento favorevole alla crescita tra richieste del popolo ed esigenze economiche dello Stato.

Ma, a differenza degli Stati Uniti, l'Unione Sovietica, così come il Patto di Varsavia, non erano indipendenti alimentarmente né energeticamente, e la centralità del potere, mentre da un lato era la forza del sistema, è stato il fattore principale del crollo del sistema stesso, incapace di ascoltare le istanze che provenivano dalle periferie del Blocco sovietico, spontanee o indotte dalla propaganda occidentale.

Ecco quindi il fianco esposto dell'Europa, il suo dorso nudo: la dipendenza.

Quando partecipavo alle Conferenze Amaldi sul disarmo[xiii], mi pareva ormai già ovvio che la potenza distruttiva dell'arsenale atomico in possesso dell'URSS e degli USA aveva perso la sua capacità di deterrenza.

La ricerca di ambo le parti a superarsi nella capacità distruttiva del proprio arsenale aveva raggiunto l'apice all'inizio degli anni '80. Ambo le parti erano in grado di sferrare un attacco nucleare e di reagire ad un attacco dell'avversaria con un attacco altrettanto distruttivo.

All'ombra della Guerra Fredda, il concetto di "brinkmanship"[xiv] ha coinvolto sia l'Occidente e l'Unione Sovietica attraverso l'utilizzo di tattiche di terrore e intimidazione come strategie per far arretrare la parte opposta. Ogni fazione spingeva situazioni pericolose sull'orlo del baratro, con l'intenzione di far arretrare l'altra sulle proprie posizioni in materia di politica internazionale e politica estera, e ottenere concessioni. Tuttavia, nella Guerra Fredda entrambe le parti si sarebbero (e spesso si sono) trovate di fronte a potenziali conseguenze devastanti delle loro azioni, poiché le possibilità di una guerra nucleare sarebbero state ingestibili.

Mano a mano che le parti aumentavano la pressione l'una sull'altra attraverso la minaccia di una guerra nucleare, ad esempio dispiegando missili in Turchia o a Cuba, e di massive retaliation[xv], esse si sentivano obbligate a rispondere alla minaccia con maggiore veemenza, incrementando il proprio arsenale o cercando di dispiegarlo su un'altra casella della scacchiera geografica.

L'obiettivo della tattica era che, sebbene nessuna delle due parti avrebbe *voluto* cedere all'altra, una di esse avrebbe semplicemente *dovuto* cedere, altrimenti il risultato sarebbe stato il peggiore possibile per entrambe[xvi]. Il problema, tuttavia, era che cedere avrebbe comportato l'essere etichettati come il lato più debole. Durante la Guerra Fredda, sia i sovietici che gli americani avevano una reputazione da difendere, sia all'interno che nei confronti dei Paesi a loro vicini, alleati o dominati.

La storia testimoniò quindi che, poiché nessuno dei due paesi si sarebbe smosso, l'unico modo per evitare la MAD[xvii] sarebbe stato che ambo le parti decidessero di scendere a compromessi.

E ciò avvenne per due motivi: l'ingresso (dapprima potenziale, poi effettivo) di ex colonie nel novero dei Paesi detentori di armi atomiche, da limitare ad ogni costo, magari con un NPT[xviii], e l'incoerenza economica del mantenimento di costi elevati per la manutenzione in efficienza di un arsenale atomico, la cui utilità in termini di crescita e sviluppo nel settore civile era già esaurita.

I compromessi sono stati chiamati SALT 1[xix], SALT 2[xx], START 1[xxi] e START 2[xxii].

Il confronto tra le superpotenze, quindi, si spostò su altri fronti, dallo sviluppo delle Advanced Conventional Munitions (come ad esempio le megabombe che abbiamo visto in azione in Afghanistan contro i bunker/grotte dove allignavano mullah vari), alla elaborazione di nuovi sistemi di guerra.

Era necessaria l'adozione di strategie di guerra alternative, che consentissero il mantenimento della pressione, e che arrivassero a raggiungere obiettivi politici senza farsi troppo male.

Si trattava quindi di impostare una partita di scacchi, i cui pezzi erano Paesi, governi, aspetti dell'economia, della psicologia delle masse, della politica, della finanza. E per cercare di vincere, o almeno di competere, occorre una strategia.

Degli esempi li abbiamo visti nel confronto USA-Cina, e li enucleeremo nel prossimo capitolo

Cap. 2 - Strategie strutturate in dottrine

Per poter portare avanti questa partita a scacchi, occorrono delle strategie. O meglio, una categoria di pensiero ed azione superiore alle strategie stesse,

Quando una filosofia operativa deve essere condivisa così profondamente da innumerevoli agenti e protagonisti, sì da penetrare e conformare i gangli di uno Stato, al fine di servire lo scopo per la quale essa nasce, deve diventare una dottrina.

A metà tra un ideale e una pratica, una dottrina non si discute, si applica. Si evolve, ma resta immobile nella sua struttura di pensiero, ch'essa impone.

La Dottrina Monroe (e i suoi corollari)

"L'occasione è stata giudicata appropriata per affermare, come principio in cui sono coinvolti i diritti e gli interessi degli Stati Uniti, che i continenti americani, per la condizione libera e indipendente che hanno assunto e mantengono, non sono ormai da considerarsi come soggetti per una futura colonizzazione da parte di alcuna potenza europea.

...

Dobbiamo, quindi, al candore e alle relazioni amichevoli esistenti tra gli Stati Uniti e quelle potenze, dichiarare che considereremo pericoloso per la nostra pace e sicurezza qualsiasi tentativo da parte loro di estendere il loro sistema a qualsiasi parte di questo emisfero. Con le colonie o le dipendenze esistenti di qualsiasi potenza europea, non abbiamo interferito e non interferiremo. Ma con i governi che hanno dichiarato la loro indipendenza e l'hanno mantenuta, e la cui indipendenza abbiamo, su grande considerazione e su giusti principi, riconosciuta, non potremmo considerare alcuna interposizione allo scopo di opprimerli, o di controllare in qualsiasi altro modo il loro destino, da parte di qualsiasi potenza europea in qualsiasi altra luce che non sia la manifestazione di una disposizione ostile nei confronti degli Stati Uniti."[xxiii]

Queste righe, estratte dal discorso del 2 dicembre 1823 al Congresso, parlano della determinazione di uno Stato a difendere i propri interessi anche intervenendo al di là dei propri confini.

I tre concetti principali della dottrina – sfere di influenza separate per le Americhe e l'Europa, non colonizzazione e non intervento – sono stati espressi per definire una chiara rottura tra il Nuovo Mondo e i regni autocratici dell'Europa. L'amministrazione Monroe avvertiva in questo modo le potenze imperiali europee di non interferire negli affari dei nuovi stati indipendenti dell'America Latina o dei potenziali territori degli Stati Uniti.

Mentre gli americani generalmente si opponevano alle colonie europee nel Nuovo Mondo, desideravano anche aumentare l'influenza degli Stati Uniti e i legami commerciali in tutta la regione Sud. Il mercantilismo europeo rappresentava il più grande ostacolo all'espansione economica. In particolare, gli americani temevano che Spagna e Francia potessero riaffermare il colonialismo sui popoli latinoamericani che avevano appena rovesciato il dominio europeo.

Anche i segnali che la Russia stava espandendo la sua presenza verso sud dall'Alaska verso il Territorio dell'Oregon erano fonte di timore.

Da parte loro, gli inglesi avevano anche un forte interesse a garantire la fine del colonialismo spagnolo, con tutte le restrizioni commerciali imposte dal mercantilismo. All'inizio del 1823 il ministro degli Esteri britannico George Canning suggerì agli americani che le due nazioni emettessero una dichiarazione congiunta per dissuadere qualsiasi altra potenza dall'intervenire in America centrale e meridionale.

Il segretario di Stato John Quincy Adams, tuttavia, si oppose vigorosamente alla cooperazione con la Gran Bretagna, sostenendo che una dichiarazione di natura bilaterale potrebbe limitare l'espansione degli Stati Uniti in futuro. Ha anche sostenuto che gli inglesi non erano impegnati a riconoscere le repubbliche latinoamericane e devono aver avuto motivazioni imperiali stesse.

La dichiarazione bilaterale proposta dagli inglesi divenne così una dichiarazione unilaterale degli Stati Uniti. Come ha affermato Monroe: "I continenti americani ... d'ora in poi non devono essere considerati come soggetti per la futura colonizzazione da parte di alcuna potenza europea". Monroe delineò due sfere di influenza separate: le Americhe e l'Europa. Le terre indipendenti dell'emisfero occidentale sarebbero esclusivamente il dominio degli Stati Uniti. In cambio, gli Stati Uniti si impegnarono a evitare il coinvolgimento negli affari politici dell'Europa, come la lotta greca in corso per l'indipendenza dall'Impero Ottomano, e a non interferire nelle colonie europee esistenti già nelle Americhe.

Verso la metà del 1800, la dichiarazione di Monroe, combinata con le idee del Destino Manifesto, fornì precedenti e supporto per l'espansione degli Stati Uniti nel continente americano. Alla fine del 1800, il potere economico e militare degli Stati Uniti gli permise di far rispettare la Dottrina Monroe. La più grande estensione della dottrina arrivò con il Corollario di Theodore Roosevelt, che invertì il significato originale della dottrina e arrivò a giustificare l'intervento unilaterale degli Stati Uniti in America Latina[xxiv].

Sebbene la Dottrina Monroe del 1823 fosse essenzialmente passiva (chiedeva che gli europei non aumentassero la loro influenza o non ricolonizzassero nessuna parte dell'emisfero occidentale), nel 20° secolo gli Stati Uniti, avendo acquisito maggior fiducia nelle proprie capacità, erano disposti ad assumere il ruolo di poliziotto regionale.

Nei primi anni del 1900 Roosevelt si preoccupò che una crisi tra il Venezuela e i suoi creditori potesse scatenare un'invasione di quella nazione da parte delle potenze europee. Il corollario di Roosevelt del dicembre 1904 affermava che gli Stati Uniti sarebbero intervenuti come ultima risorsa per garantire che altre nazioni dell'emisfero occidentale adempissero ai loro obblighi nei confronti dei creditori internazionali e non violassero i diritti degli

Stati Uniti o invitassero "l'aggressione straniera a scapito dell'intero corpo delle nazioni americane".

"Casi flagranti di tali illeciti o impotenza... possono far sì che nelle Americhe, come altrove, alla fine si debba render necessario l'intervento di una nazione civilizzata", annunciò Roosevelt nel suo messaggio annuale al Congresso del 1904.

"Nell'emisfero occidentale l'adesione degli Stati Uniti alla Dottrina Monroe può costringere gli Stati Uniti, anche se con riluttanza, in casi flagranti di tali illeciti o impotenza, all'esercizio di un potere di polizia internazionale".

Conosciuta come il "Corollario di Roosevelt" o la politica del "Big Stick", l'interpretazione espansiva di Roosevelt, che poco aveva a che vedere con la reazione ad una influenza dell'Europa, fu presto utilizzata per giustificare interventi militari in America Centrale e nei Caraibi, tra cui Repubblica Dominicana, Nicaragua, Haiti e Cuba.

Come il corollario ha dimostrato di funzionare nella pratica, gli Stati Uniti hanno iniziato ad usare sempre più spesso la forza militare per ripristinare la stabilità interna delle nazioni della regione.

Dopo la sconfitta della Spagna nella guerra ispano-americana del 1898, gli Stati Uniti acquisirono colonie d'oltremare nei Caraibi e nel Pacifico.

Nel loro nuovo status di potenza imperiale, gli Stati Uniti perseguirono una serie di politiche volte a proteggere i territori americani e ad espandere aggressivamente i loro interessi commerciali internazionali.

"Diecimila miglia da una penna all'altra."
Questa vignetta politica raffigurava i territori in crescita degli Stati Uniti nel 1898.

Queste politiche includevano la promozione della politica della "Porta Aperta" in Cina e l'estensione della Dottrina Monroe con il Corollario Roosevelt, che annunciava formalmente l'intenzione di usare la forza militare per difendere l'emisfero occidentale dalle interferenze europee.

Allo stesso tempo, il presidente Theodore Roosevelt supervisionò la costruzione del Canale di Panama, che avrebbe avuto profonde implicazioni economiche per il commercio americano, e si impegnò nella diplomazia delle grandi potenze sulla scia della guerra russo-giapponese. In poco più di un decennio, gli Stati Uniti avevano dato una nuova definizione a ciò che rappresentava i propri interessi nazionali e internazionali, al fine di includere una presenza militare all'estero, possedimenti e coinvolgimento diretto nelle sorti dei Paesi di interesse[xxv].

Da qui appare ovvia la scelta, negli anni successivi, di entrare nel primo conflitto mondiale solo tardi, quando ormai le potenze europee erano già allo stremo, per massimizzare il risultato del proprio intervento minimizzandone i rischi, lasciar indebolire il continente fino a poco prima nemico, e creare una sorta di riconoscenza, aiutando ad impostare, subito dopo, un accordo eccessivamente penalizzante per la Germania, che, come prevedibile, reagì come meglio sapeva fare, attaccando il resto dell'Europa solo 21 anni dopo - giusto il tempo di riorganizzarsi.

Che la II GM fosse frutto della prima, o meglio degli accordi presi a seguito della prima, è ovvio. Quel che è meno ovvia è la manifestazione di lungimiranza e capacità strategica degli USA, che, mentre indeboliva lo storico nemico, aumentava la propria forza ed estendeva la propria sfera di influenza.

Ecco che la Dottrina Monroe, e il corollario Roosvelt, si manifestano per quella che sono: non più una semplice giustificazione per degli interventi armati fuori porta, ma un modo di indirizzare i propri sforzi al di là del luogo e del tempo propri, per proiettare la propria potenza, estendere la propria influenza in modo da non doversi più preoccupare.

In quest'ottica rientra anche quel che successe dopo la II GM.

Il primo passo fu la "Dottrina Truman" del marzo 1947, che rifletteva la combattività del presidente Harry Truman. Truman voleva "scatenare l'inferno" nel Congresso. Sostenendo che la Grecia e la Turchia sarebbero potute cader vittime della sovversione senza il sostegno delle nazioni amiche, Truman chiese al Congresso di autorizzare 400 milioni di dollari in assistenza di emergenza.

Per giustificare questo nuovo corso, disse: "Credo che dobbiamo aiutare i popoli liberi a elaborare i loro destini a modo loro".

La chiave per impedire il rovesciamento delle nazioni libere era attaccare le condizioni di "miseria e bisogno" che alimentavano il totalitarismo.

Ben presto questo principio generale fu applicato all'Europa occidentale nel suo complesso. Nel giugno 1947, il segretario George C. Marshall propose l'estensione della massiccia assistenza economica alle nazioni devastate dell'Europa, dicendo che la politica degli Stati Uniti non era diretta "contro nessun paese o dottrina, ma contro la fame, la povertà, la disperazione e il caos. Il suo scopo dovrebbe essere il rilancio di un'economia funzionante nel mondo in modo da consentire l'esistenza di condizioni politiche e sociali in cui possano esistere istituzioni libere.

Ciò che il Segretario di Stato non ha detto, è che, dato che il piano degli Stati Uniti sarebbe stato palese all'Unione Sovietica e ai suoi satelliti nell'Europa Orientale, condizione necessaria per beneficiarne era l'adozione di un'economia di libero mercato.

L'economia di libero mercato veniva sottintesa come il miglior percorso per la ricostruzione economica, rappresentando nel contempo la migliore difesa contro il comunismo in Europa occidentale.

Il Congresso rispose alla proposta di Marshall autorizzando il Programma Europeo di Recupero, meglio conosciuto come Piano Marshall. Un investimento di circa 13 miliardi di dollari in Europa negli anni successivi al conflitto ha consentito la ricostruzione straordinariamente rapida e duratura di un'Europa Occidentale non comunista[xxvi].

Il complesso industrial-militare dell'Europa era naturalmente chiamato a rinascere anch'esso. Per questo bisognava inserirlo in un'orbita amica agli USA, di dipendenza nelle scelte tecnologiche e nella impossibilità di esportar tecnologia al blocco sovietico.

Nel primo caso l'adesione alla NATO comportava l'esigenza di interoperabilità di corpi armati e sistemi d'arma – e quindi di processi, procedure e tecnologia; nel secondo caso, essendo una alleanza difensiva, la NATO presupponeva un potenziale nemico, al quale non bisognava far pervenire i propri segreti.

In questo modo gli USA miravano a diventar dominus dell'apparato industriale e di difesa europeo che mai più, quindi, si sarebbe potuto costituire a minaccia per gli interessi americani.

La Francia, avendo ravvisato questo, in un sussulto di orgoglio – ed essendo stata la Francia co-fautrice dell'indipendenza americana – ha insistito per mantenere una propria indipendenza. Da lì l'esigenza di avere un'atomica francese, una "force de frappe" come la chiamava C. De Gaulle, che la rendesse più o meno pari alle altre potenze atomiche.

L'Inghilterra, da canto suo, ha avuto fin da subito chiaro che gli USA prima di tutto avrebbero tutelato i propri interessi: esattamente quando gli furono negati gli aeroplani che aveva ordinato e pagato agli USA per supportare le truppe bloccate a Dunkerque. Quindi anch'essa avrebbe conformato la propria politica di difesa andando ad associare i propri interessi a quelli dell'ex colonia. A punto tale da essere una vera e propria colonna portante degli interessi USA in Europa. La stessa indipendenza dei servizi segreti di Sua Maestà in realtà era una collaborazione non dichiarata.

(In quest'ottica va inquadrata la successiva Brexit: mossa decisiva per l'arroccamento del blocco anglofono. Ma non corriamo troppo.)

La deterrenza atomica – protratta per troppo tempo - ha portato ad una evoluzione spontanea della Dottrina verso sistemi diversi di protezione preventiva dei propri interessi, che fanno base su un elemento chiave caratterizzante: l'autarchia del subcontinente nordamericano[xxvii].

Ad esempio, sulla base di tale potenza, il debito americano faceva molta gola alle banche centrali estere. In primis la Cina.

E qui qualcuno potrebbe chiedersi: ma se io sono autarchico, perché faccio debito? Ovviamente per motivi altri rispetto alla finalità consueta del debito (pagare investimenti o finanziare spese correnti).

Il debito serviva esattamente da Cavallo di Troia nelle banche centrali estere.

La Cina è uno dei grandi detentori del debito pubblico USA. Grazie a questo capitale detenuto dalla Cina, gli USA riuscivano ad influenzare le politiche monetarie della Cina attraverso le proprie politiche monetarie: valutando o svalutando il dollaro potevano controllare il valore del patrimonio soggiacente alla moneta cinese. Per non parlare dell'impatto che hanno i movimenti in senso di crescita o decrescita della massa di dollari in circolazione sulla capacità di acquisto e vendita di commodities a livello mondiale (il dollaro è usato come moneta per il trading di commodities).

A questo potere, la Cina ha usato la debolezza creata dal crunch finanziario del 2008 che ha lasciato scoperte le società produttrici in termini di liquidità per far consolidare i propri crediti nei capitali sociali delle aziende americane.

Ossia: l'azienda americana ha come fornitore un'azienda cinese. L'azienda cinese fornisce ed ha un credito verso l'azienda americana. L'azienda americana ha dei problemi finanziari perché' il castelletto di liquidità a credito che gli era stato concesso dalle banche USA prima del 2008 gli è stato diminuito o addirittura annullato a causa del crollo dei mercati finanziari e il conseguente deprezzamento delle garanzie prestate dall'imprenditore, e quindi non ha i soldi per pagare. Lo Stato cinese compra questi crediti che l'azienda cinese vanta nei confronti dell'azienda americana oppure invita l'azienda cinese a proporre una cosa semplice semplice: "Cara azienda americana, dato che non hai i soldi per pagarmi, e che comunque io sono il tuo fornitore e vorrei continuare a fornirti, perché' altrimenti tu chiudi e ciao, ti propongo di trasformare il mio credito verso di te in capitale sociale, in modo che entriamo in società e rafforziamo i nostri legami anche operativi: alla fine è come se fornissi in parte a me stessa" Gli imprenditori americani pur di non chiudere accettavano, stringendo però il cappio intorno al proprio collo: non sarebbe più stato possibile fare a meno dei prodotti importati dalla Cina. Così facendo la Cina penetrava nel tessuto economico americano approfittando della ferita inferta dalla crisi del 2008. Quindi reagiva al potere americano sulla politica monetaria cinese attraverso un'influenza diretta nell'economia reale.

Ma poi è arrivato Trump che ha detto: care aziende americane, ora che la finanza è ripartita, non avete più ragione di continuare a permettere alla Cina di entrare nel vostro capitale sociale. E per render difficile alla Cina aumentare il proprio potere... ha impedito alla Cina di vendere sul territorio americano, spezzando la spirale pericolosissima della quale Obama aveva sottovalutato l'impatto a livello globale.

Ecco un esempio di guerra combattuta con altri mezzi.

Le guerre guerreggiate, con gente che si spara, per intenderci, sono state relegate a fattore di destabilizzazione di aree, per impedire che altre potenze potessero avvalersi di risorse provenienti dai Paesi disputati. Non era quindi più importante *vincere la guerra*, ma era sufficiente *combatterla*.

Ad esempio, la guerra di Corea non fu vinta da nessuna delle parti; men che meno quella del Vietnam (che in più è servita agli USA per ridurre la pressione sociale interna). O le due guerre in Iraq e la guerra in Afghanistan. Gli USA sanno fare la guerra; *evidentemente non interessa loro vincere guerreggiando*.

Quindi ora la Dottrina Truman si sviluppa su diverse direttrici
- Intervento militare volto a destabilizzare intere aree
- Intervento militare by proxy
- Intervento monetario
- Embarghi

- Colonizzazione del pensiero (vedasi il ruolo di Hollywood e delle canzoni in inglese per la diffusione dei valori dell'Occidente), ad esempio
- Dottrina delle porte aperte: qualsiasi Stato volesse aderire al modello USA, è benvenuto. Con bu.ona pace dei suoi vicini (vedasi conflitto russo-ucraino)

E poi vennero le rivoluzioni colorate:

- Georgia, rivoluzione delle rose 2003
- Ucraina, rivoluzione arancione, 2004 -2005
- Kirghizistan rivoluzione dei tulipani, 2005
- Azerbaigian (fallita) 2005
- Bielorussia (fallita) 2005
- Mongolio (fallita) 2005
- Libano rivoluzione del Cedro (2005)
- Kuwait, rivoluzione Blu (2005)
- Birmania, rivoluzione Zafferano (2007)
- Iran Movimento verde (2009)

Tutte queste avevano in comune la richiesta di aprirsi al commercio e alla finanza occidentali. Erano rivoluzioni spontanee?

La Georgia, ad esempio, ha avuto come primo obiettivo quello di aprire il paese all'economia di mercato e agli investimenti esteri, con la consulenza delle istituzioni finanziarie internazionali e di agenzie governative statunitensi come USAID. La Georgia ha ricevuto aiuti diretti dagli Stati Uniti (quasi 300 milioni di dollari per il solo 2004), e ha aperto nuove linee di credito presso il Fondo Monetario Internazionale in cambio dell'apertura della propria economia in senso neo-liberista, in modo da creare "un ambiente ideale per gli investimenti".

Per questo la Georgia è anche andata incontro a massicce privatizzazioni, "controverse e spesso confuse".

Altro esempio lampante è l'influenza nell'area ucraina.

Nel vertice di Bucarest del 2 aprile 2008, i Paesi membri della NATO decisero che avrebbero riconosciuto il "principio della porta aperta" sia per l'Ucraina sia per la Georgia.

Quell'anno, l'Ucraina aveva chiesto di avviare un piano di interventi (MAP, Membership Action Plan) per consentire l'adesione alla NATO, e l'Alleanza aveva accolto con favore l'iniziativa, promettendo che il Paese, alla fine, sarebbe diventato un membro, anche se rifiutando di indicare una tempistica precisa.

Quando l'ex presidente ucraino Viktor Janukovyč fu eletto nel 2010, i piani per procedere con l'adesione alla NATO vennero interrotti, a causa dell'impostazione della politica estera di Janukovyč, che comportava il fatto di rimanere un Paese non allineato, con tanto di divieto per legge ad aderire a qualsiasi patto militare.

A metà dell'agosto 2013, la Russia modificò le proprie regole doganali sulle importazioni dall'Ucraina in modo tale che, a partire dal 14 agosto 2013, il Dipartimento delle Dogane russo avrebbe fermato tutte le merci provenienti dall'Ucraina.

Tale mossa fu vista, sia dai politici ucraini che da altre e svariate fonti, come l'inizio di una guerra commerciale tra Russia e Ucraina, strategia di pressione tesa ad evitare che quest'ultima firmasse l'accordo commerciale con l'Unione europea, dimostrando quanto forte fosse ancora l'interdipendenza tra i due Paesi.

Il 18 dicembre 2013, il ministro ucraino per la politica industriale, Mychajlo Korolenko, dichiarò che il valore delle mancate esportazioni era sceso di 1,4 miliardi di dollari, pari ad un calo del 10% su base annua.

L'ufficio di Statistica dell'Ucraina riferì che nel novembre 2013, rispetto agli stessi mesi del 2012, la produzione industriale in Ucraina era scesa del 4,9 per cento.

Attenzione, ecco la mossa che fece scattare la trappola.

Il 20 novembre 2013, furono presentate all'Ucraina le condizioni estremamente dure di un prestito del Fondo Monetario Internazionale, che comprendevano grandi tagli al bilancio e un aumento del 40% delle bollette del gas.

Per inciso, l'unico Paese che ha il diritto di veto sul FMI sono gli USA.

Secondo il Primo Ministro ucraino dell'epoca, Mykola Azarov, questa fu la goccia che fece traboccare il vaso, e che spinse Janukovyč verso quel che successe dopo.

Il 21 novembre 2013, un decreto del governo ucraino sospese i preparativi per la firma dell'accordo di Vilnius per l'associazione alla UE. Il motivo ufficiale fu che a seguito del blocco doganale l'Ucraina aveva vissuto "un calo della produzione industriale e delle relazioni con i paesi della CSI". Il governo inoltre assicurò che " l'Ucraina riprenderà la preparazione dell'accordo europeo quando il calo della produzione industriale e le nostre relazioni con i paesi della CSI saranno compensati dal mercato europeo".

Ecco quindi che all'indomani di tale decisione, una serie di violente manifestazioni pro-europeiste iniziate nella notte tra il 21 e il 22 novembre 2013 scoppiarono, dando vita alla rivoluzione Euromaidan, e a ciò che successe in seguito.

Risultato? lo vediamo.

La Dottrina Gerasimov

"Nel 21° secolo abbiamo visto una tendenza a confondere i confini tra gli stati di guerra e pace. Le guerre non sono più dichiarate e, una volta iniziate, procedono secondo un modello fino al secolo scorso sconosciuto."

La dottrina Gerasimov nasce come necessità di strutturare uno sforzo multivettoriale destinato cercare di controbilanciare la pressione con la quale l'ex URSS non ha mai cessato di confrontarsi. Inviare armi a Paesi terzi, gestire le guerre by proxy non bastava più, occorreva dare una forma coerente a tutte le azioni potenzialmente attuabili per tutelare i propri interessi nazionali.

La scelta fu di selezionare quelle azioni che avrebbero consentito, con poco sforzo ulteriore, di destabilizzare il potenziale nemico prima che una minaccia eventuale potesse diventare effettiva, e di mandare dei chiari segnali di possibilità di mantenimento della deterrenza - non più atomica ma di altra natura.

"L'esperienza dei conflitti militari – compresi quelli legati alle cosiddette rivoluzioni colorate in Nord Africa e Medio Oriente – conferma che uno stato perfettamente prospero può, nel giro di mesi e persino giorni, trasformarsi in un'arena di feroci conflitti armati, diventare vittima dell'intervento straniero e sprofondare in una ragnatela di caos, catastrofe umanitaria e guerra civile.

Certo, sarebbe più facile per tutti dire che gli eventi della "primavera araba" non sono una vera guerra, e quindi non ci sono lezioni da imparare per noi militari. Ma forse è vero il contrario: che proprio questi eventi sono tipici della guerra nel ventunesimo secolo. In termini di entità delle vittime e della distruzione, delle catastrofiche conseguenze sociali, economiche e politiche, tali conflitti di nuovo tipo sono paragonabili alle conseguenze di qualsiasi guerra reale. Le stesse "regole della guerra" sono cambiate. Il ruolo dei mezzi non militari per raggiungere obiettivi politici e strategici è cresciuto e, in molti casi, hanno superato il potere della forza delle armi nella loro efficacia"

Questa è una lunga citazione del famoso articolo "Il valore della scienza è nella lungimiranza" di Valery Gerasimov, capo di Stato Maggiore della Federazione Russa.

"L'orientamento dei metodi di conflitto è cambiato, nella direzione dell'ampio uso di misure politiche, economiche, informative, umanitarie e altre misure non militari, applicate in coordinamento con il potenziale di protesta della popolazione. Tutto ciò è completato da mezzi militari coperte, tra cui azioni di cyberwarfare e le azioni mirate di forze operative speciali sul campo. L'uso aperto delle forze – spesso con il pretesto del mantenimento della pace e della regolamentazione delle crisi – viene utilizzato solo in una certa fase, principalmente per il raggiungimento del successo finale nel conflitto." (sempre Gerasimov).

In quest'ottica è da interpretarsi, ad esempio, sia la variazione delle norme doganali di cui abbiamo parlato prima, che ha spezzato i rapporti commerciali con l'Ucraina, sia la richiesta di saldare quanto dovuto da parte di Gazprom. Sono elementi di pressione atipica, ma che hanno una violenza praticamente militare.

Caratteristica di queste misure, è l'assenza di confini geografici, e consente il mantenimento di uno stato di guerra pressoché continuo.

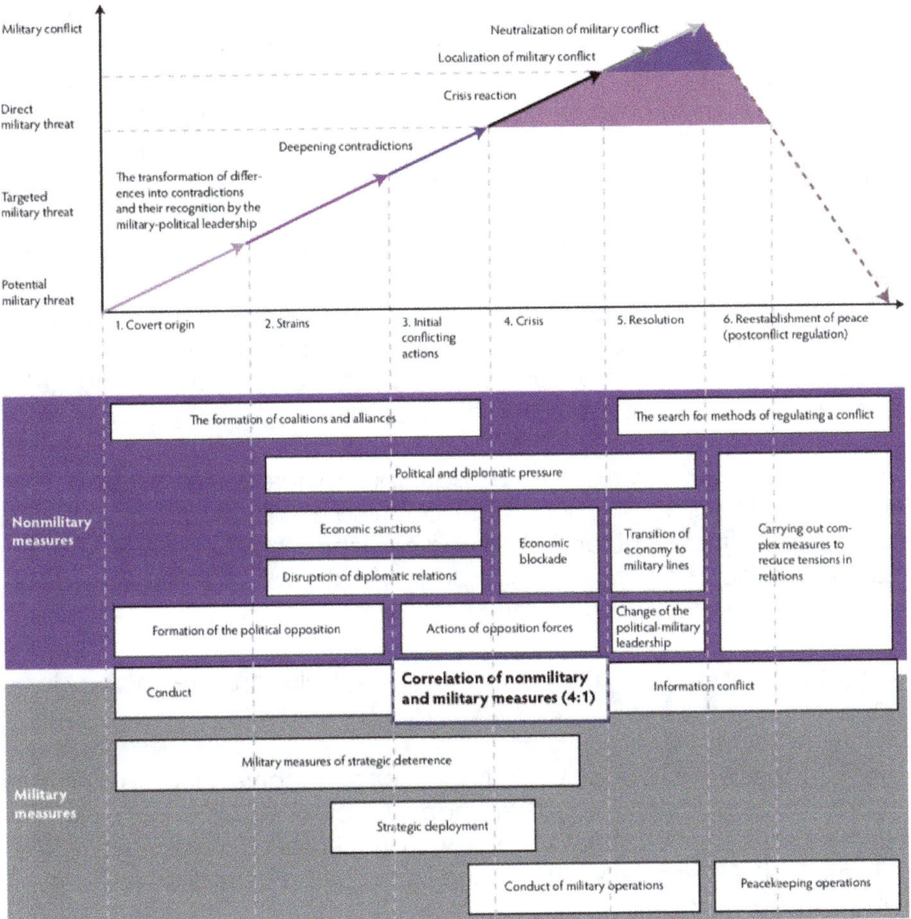

In quest'ottica vanno ascritte le operazioni di interferenza (hacking) informatica con i sistemi di gestione di alcune industrie e impianti negli USA, ad esempio, o del far trapelare informazioni (false o vere, poco importa) atte a screditare il sistema democratico statunitense (l'hacking delle macchine conta-voti, ad esempio, ne parleremo fra qualche riga).

Le "Misure Attive" dell'Unione Sovietica, insomma, hanno continuato. Ma stavolta in un'ottica coordinata con altre misure.

"In sostanza, queste misure attive sono una minaccia continua – non semplicemente qualcosa che è successo in passato", ha detto il senatore Marco Rubio in un'audizione della Commissione Intelligence del Senato dell'11 maggio 2017.

I capi delle agenzie di spionaggio americane erano concordarono.

"L'uso del cyber e dei social media ha aumentato significativamente l'impatto e le capacità che – ovviamente questo è stato fatto per anni e anni, anche decenni", ha detto il direttore della National Intelligence Dan Coats. "Ma la capacità che hanno di usare l'interconnessione [di Internet] e tutto ciò che fornisce... hanno letteralmente aumentato il loro gioco al punto in cui sta avendo un impatto significativo".

E l'interesse dell'intelligence russa nell'influenzare l'opinione pubblica negli Stati Uniti va oltre la sfera politica, hanno avvertito i membri del Congresso. La comunità di intelligence degli Stati Uniti ha concluso che Mosca è intervenuta nella corsa presidenziale dello scorso anno per ferire Hillary Clinton e aiutare il presidente Trump, ma il senatore Tom Cotton, ha detto che i russi hanno – e hanno avuto – altri obiettivi.

Cotton ha citato gli sforzi russi del passato per minare la modernizzazione nucleare degli Stati Uniti, gli schieramenti di difesa missilistica e l'applicazione del Trattato sulle forze nucleari intermedie – che i funzionari della difesa americana dicono che le forze russe hanno violato con il dispiegamento di un nuovo missile nell'Europa orientale.

"Queste [sono] attività che andranno ben oltre le elezioni, credo", ha detto Cotton.

"La contraffazione, le bugie e la truffa sono vecchie quanto l'arte di governare", hanno scritto Robert Wallace, H. Keith Melton e Henry Robert Schlesinger nella loro storia della CIA, Spycraft. Gli autori citano una lettera falsa creata nel 1777 da Ben Franklin che sembrava essere di un re tedesco al re d'Inghilterra Giorgio III.

Nella lettera, il re Federico d'Assia – che riceveva un bonus ogni volta che uno dei suoi mercenari moriva nel combattere la guerra britannica contro le colonie americane – "suggeriva" a re Giorgio che fossero usati in modo più aggressivo e negato il trattamento medico. In breve, il re tedesco sembrava volere più dei suoi uomini uccisi in modo che il re britannico lo pagasse di più.

Quella "lettera" fu "fatta trapelare" e l'impressione insensibile che creò, insieme ad altre lusinghe da parte americana, indusse migliaia di assiani a lasciare la guerra, scrissero Wallace, Melton e Schlesinger.

Tali trucchi continuarono nel corso degli anni, con vari gradi di sofisticazione. In alcuni esempi vanno oltre il semplice rilascio di informazioni. Nel 1969, i sudanesi trovarono un deposito di apparecchiature spia "americane": una mina magnetica Limpet, una pistola calibro .22 a forma di penna e documenti del "Dipartimento di Stato" che rivelavano un complotto contro il governo.

I materiali sono apparsi dopo che il governo di Khartoum ha interrotto le relazioni con gli Stati Uniti per il suo sostegno a Israele e proprio mentre i leader cominciavano a propendere per legami più stretti con l'Unione Sovietica. Come Wallace, Melton e Schlesinger descrivono, furono messi dal KGB per dare una spinta ai sudanesi – anche se l'ufficiale della CIA David Crown alla fine sconfisse quel piano.

Oggi, le "misure attive" assumono una serie di forme, secondo Mark Galeotti, autore di un documento intitolato "L'Idra di Putin: all'interno dei servizi segreti russi". Passano dalla malizia su Internet – manipolando quali storie Google o Facebook è più probabile mostrare agli utenti – all'hacking e alle fughe di notizie fino all'assassinio politico.

Casi come l'omicidio nel 2006 dell'ex ufficiale dell'intelligence russa Alexander Litvinenko, che è stato avvelenato dal tè radioattivo, sono più del semplice uso della violenza per eliminare i facinorosi, sostiene Galeotti. Obiettivi come Vladimir Kara-Murza – una figura dell'opposizione che è stata due volte ammalata da un veleno misterioso che incolpa le persone collegate ai "servizi speciali" della Russia – spesso soffrono in pubblico, inviando al mondo un messaggio agghiacciante sui costi dell'opposizione al regime.

Questo tipo di violenza potrebbe non diventare un luogo comune negli Stati Uniti, ma i leader della sicurezza nazionale avvertono che si aspettano che la Russia riprenda a intromettersi nel processo politico americano. Gli attuali ed ex capi delle spie che hanno parlato al Congresso del male nella corsa del 2016 dicono che Mosca lo considera un successo.

"La questione trascendente qui è l'interferenza russa nel nostro processo elettorale, e cosa significa per l'erosione del tessuto fondamentale della nostra democrazia", ha detto l'ex direttore della National Intelligence James

Clapper in un'audizione della sottocommissione giudiziaria del Senato dell'8 maggio 2017.

Un problema, come ha detto il direttore della CIA Mike Pompeo in una successiva audizione al Senato, è che ciò che la tecnologia alla fine fa: guidare il prezzo verso il basso.

"Il costo" (di tali misure), ha detto, "è stato ridotto"[xxviii].

Come si vede dal grafico, tuttavia, l'elemento militare sul campo è parte della dottrina.

Se nel 2014, all'indomani di Euromaidan, la Russia è potuta intervenire nell'orientare il voto in Donbass, Lugansk e Crimea – facendo leva sulle paure di "ghettizzazione" della popolazione di nazionalità russa [xxix], rappresentante la maggioranza in quelle aree - e con questa ragione ha iniziato una war by proxy contro l'Ucraina, armando la resistenza russa di quelle aree. Finche' non è stato necessario alzare la pressione sul Governo di Kiev.

La prima mossa di Mosca è stata quella di riconoscere le Repubbliche separatiste. Uno Stato sovrano può, per diritto internazionale, chiedere aiuto ad un vicino in caso di attacco armato. E i russi non si sono fatti pregare troppo.

È assai difficile poter valutare secondo i criteri di un diritto internazionale sostanzialmente americanocentrico quella che si presenta come l'aggressione militare di una potenza non occidentale. Tuttavia, è bene ricordare che la Russia, in passato (intervento in Siria e annessione della Crimea in virtù del concetto di Responsibility to Protect), ha spesso cercato di presentarsi come Stato che agisce proprio in conformità con tale diritto.

In primo luogo, l'attuale diritto internazionale può essere considerato come una sorta di jus contra bellum da opporsi al concetto di justa causa belli. Questo approccio teorico antimilitarista, naturalmente, viene calpestato senza particolari scossoni tra l'opinione pubblica ogniqualvolta a muovere guerra sia la potenza egemone sul piano globale (gli Stati Uniti).

A questo proposito, non si può prescindere dal ricordare che esistono alcune eccezioni per ciò che concerne la violazione dell'integrità territoriale di uno Stato (teoricamente) sovrano. Questa è ammessa o in caso di autorizzazione del Consiglio di Sicurezza dell'ONU o in caso di necessaria autodifesa collettiva. Questa autodifesa (il caso russo) deve rispondere a due criteri: a) necessità; b) proporzionalità.

È evidente che l'intervento russo è l'inevitabile prodotto del muro contro muro dell'Occidente rispetto al più che legittimo diritto alla sicurezza della seconda potenza militare al mondo.

Mosca non può tollerare una ulteriore espansione della NATO verso est, con la conseguente installazione di sistemi missilistici in Ucraina in grado di colpire il territorio russo in pochi minuti (la nuclearizzazione dello spazio geografico russo è il sogno nel cassetto dei vertici militari statunitensi sin dalla fine della Seconda Guerra Mondiale); Mosca non può tollerare l'installazione di laboratori biologici militari nordamericani ai propri confini.

È altrettanto evidente che l'intervento militare russo (che evitava di fare vittime civili) può (almeno in linea teorica) rispondere al criterio di proporzionalità.

Fin qui si rimane nel campo assai complesso dell'"attacco preventivo" utilizzato a più riprese dalle controparti occidentali (Israele nel 1967, gli Stati Uniti nel 2003 in Iraq sulla base di prove false). Fonti dei servizi moscoviti riferiscono anche di un'eventuale operazione ucraina su vasta scala nel Donbass (attraverso l'utilizzo di miliziani addestrati in Polonia dalla NATO) che sarebbe stata prevenuta dall'azione russa. Al di là di questo, esistono altri due casi di intervento "legittimo": a) violazione del principio di dovuta diligenza; b) usurpazione.

Il primo si applica in risposta ad attacchi subiti da parte di gruppi terroristici e bande armate (dunque, da parte di attori non statali) nel caso in cui lo Stato sul quale ricade la giurisdizione su questi soggetti fallisca nel prendere le misure dovute (l'Ucraina di fronte ai gruppi paramilitari, secondo l'interpretazione russa). Il secondo si applica nel momento in cui uno Stato (l'Ucraina) esercita le funzioni governative sul territorio di un altro Stato (le Repubbliche Popolari di Donetsk e Lugansk riconosciute come indipendenti da Mosca nell'istante prima del conflitto).

A ciò si può aggiungere, e questo sembra essere indubbiamente l'argomento più forte a favore di Mosca, il mancato rispetto degli Accordi di Minsk e le reiterate (quanto brutali) azioni militari ucraine per riportare all'ordine le regioni orientali del Paese, le quali non a caso risultano essere anche le più industrializzate e ricche di risorse.

Alla luce di quanto visto, l'intervento militare russo si pone inoltre maggiormente come il tentativo di superare il positivismo normativo (e la sostanziale ipocrisia) del diritto internazionale americanocentrico in nome di un'idea di nomos della terra legata ad una concezione storico-spirituale di possesso e appartenenza di popolo allo spazio geografico.

Citiamo qui La Convenzione di Montevideo, del 1933:

Art. 1
Lo Stato come persona di diritto internazionale dovrebbe possedere le seguenti qualifiche: a) una popolazione permanente; b) un territorio definito; c) governo; e d) capacità di entrare in relazione con gli altri Stati.

Art. 3
L'esistenza politica dello stato è indipendente dal riconoscimento da parte degli altri Stati.

Anche prima del riconoscimento, lo Stato ha il diritto di difendere la sua integrità e indipendenza, di provvedere alla sua conservazione e prosperità, e di conseguenza di organizzarsi come meglio crede, di legiferare sui suoi interessi, amministrare i suoi servizi e definire la giurisdizione e la competenza dei suoi tribunali.

L'esercizio di questi diritti non ha altra limitazione che l'esercizio dei diritti di altri Stati secondo il diritto internazionale.

Quindi le Repubbliche autonome del Donbass e di Lugansk, in punta di diritto, sarebbero Stati. E come tali avrebbero il diritto di richiedere assistenza in caso di aggressione, a chiunque volessero.

Ed è ciò che accadde.

Infine, oltre al fatto che lo stesso diritto internazionale viene spesso interpretato (soprattutto dalle grandi potenze) a proprio piacimento, non si può dimenticare il suggerimento che Iosif Stalin diede a Chiang Ching-kuo, delegato della Repubblica di Cina in URSS al termine della Seconda Guerra Mondiale: "tutti i trattati sono carta straccia, ciò che conta è la forza". Forza che si esprime, in questo caso, come una forza di occupazione.

Mentre l'esigenza di mantenere una zona cuscinetto tra NATO e Russia è comprensibile (e dichiarata dal Presidente Putin anche nel celebre discorso di febbraio 2022: "Se l'Ucraina aderisse alla NATO, gli Stati membri dovrebbero intervenire qualora questa ritenesse di essere minacciata dalla Russia. E se è vero che la potenza militare della NATO è più forte di quella della Russia, è sempre pur vero che la Russia è tutt'ora una potenza nucleare".

Nello stesso discorso, Putin disse a Macron: "L'Europa si ritroverebbe coinvolta in una guerra. Siamo sicuri che questo sia quel che l'Europa vuole?"

Ma l'Europa era già coinvolta. Come in un abile gioco di scacchi, il Paese belligerante muove i pezzi sulla scacchiera mondiale in modo da preparare le proprie mosse.

Cambiamo fronte.

Come già detto, nel 2017 Mc Cain visita l'Ucraina. Perché?

Il 22 Marzo 2017, la Rand Corp. presenta al Parlamento USA un rapporto dal titolo "Understanding Russian "Hybrid Warfare" and What Can be Done About It"

Cito: "*Le strategie ibride russe rappresentano una chiara sfida agli interessi nazionali degli Stati Uniti nell'unità della NATO, in un'UE prospera e in un forte sistema democratico liberale in Europa.*

In casi estremi, le strategie ibride potrebbero essere utilizzate per un'aggressione diretta contro il territorio della NATO.

Naturalmente, la Russia non ha risorse infinite per la guerra ibrida, quindi sarà importante non esagerare con la minaccia. È anche utile ricordare che la Russia usa strategie ibride come mezzo per perseguire quelli che ritiene essere i suoi interessi nazionali e vede molte attività degli Stati Uniti e della NATO come strategie ibride dirette contro di essa.

Tuttavia, la crescente sfida posta dalle minacce ibride russe è reale e non scomparirà. Gli Stati Uniti devono riconoscere questo fatto e rimanere diffidenti nei confronti degli sforzi russi per influenzare la politica alleata – e la nostra".

E la guerra guerreggiata?

Un altro report di Rand, dice che nel 2015, "*Le forze ucraine hanno avuto difficoltà a rispondere al nascente movimento separatista: le forze militari regolari semplicemente non potevano schierarsi in risposta agli ordini del governo a causa della formazione limitata, degli investimenti insufficienti, della corruzione endemica e del rifiuto di vedere la Russia come un nemico. La Russia potrebbe anche aver previsto di dispiegare la sua grande forza convenzionale sul confine russo per scoraggiare un attacco ucraino.*"

Citando un'intervista ad un ufficiale ucraino, "*Le truppe erano incapaci persino di guidare un trattore su un campo di grano appena seminato nella primavera del 2014, immaginiamo quanto poco fossero preparate a combattere effettivamente i separatisti. Solo la Guardia Nazionale appena creata è stata in grado di mobilitare un numero significativo di soldati.*"

Si intrapresero quindi una serie di iniziative volte a definire una volta per tutte come "nemica" la Russia, ed a rendere più difficile una eventuale azione coperta russa. In quest'ottica si vede l'appoggio dato al candidato

Zelens'kyi: la sua capacità di usare i media, e la sua immagina popolare fanno da ottimo contraltare alle misure comunicative russe, e la sua forte propensione verso l'Ovest gli avrebbe fatto accettare aiuti militari diretti dagli USA per 250 milioni di dollari.

Come si può facilmente capire, la situazione di tensione prima o poi doveva sfociare in conflitto aperto. Non sarebbe stato accettabile per il blocco NATO continuare ad avere ingerenze nel proprio corpus economico, finanziario, di relazioni fra gli Stati, né per la Russia continuare ad investire in tali pressioni, a fronte di un chiaro segnale USA di volontà di "fare un passo avanti" attraverso la fornitura di armi all'Ucraina, e delle azioni mirate contro Suleimani (nel 2020) e la presenza di contractor, militari ed armi americane in Siria.

L'Ucraina a questo punto era solo una scusa, un foglio bianco sul quale disegnare una guerra aperta, con un Presidente estremamente manipolabile, e un'Europa fragile, divisa e incapace di prendere una posizione netta.

Sia Biden che il Segretario Generale della NATO hanno rilanciato il concetto di "libertà di qualsiasi Stato di aderire alla NATO qualora volesse, come base della politica" Da canto suo, Zelens'kyi, sentendosi invitato, ha rilanciato veementemente la sua richiesta di adesione.

Da lì in poi, sappiamo quel che accadde. L'ammasso di truppe russe ai confini ucraini, e in Bielorussia, gli avvertimenti di Putin, e poi l'inizio dell'azione militare senza casus belli.

Il 25 febbraio 2022 Zelens'kyl ha firmato un ordine di mobilitazione generale "per la difesa dello Stato", in cui si afferma che "è vietato ai cittadini maschi tra i 16 ed i 60 anni di uscire dai confini dell'Ucraina". "Questa misura rimarrà in effetto per il periodo in cui sarà vigente la legge marziale". (con buona pace di chi insiste sul fatto che i combattenti ucraini siano volontari).

Azione militare, per inciso, che la Russia sta vincendo, a prescindere dalla propaganda occidentale che continua a parlare di invasione su vasta scala, ricostruzione dell'URSS e così via.

Fino alla metà di aprile 2022, le azioni militari erano limitate, e condotte con mezzi vecchi. Non si bombarda a tappeto, non si usano missili su larga scala.

Le azioni militari sul campo non seguono le mode. La Russia sta tenendo sotto assedio la capitale ucraina, sia per aver tempo di piegare la volontà della leadership, sia per limitare i danni alla popolazione, sia per avere tempo per preparare le contromisure agli embarghi lanciati dall'Ovest.

L'azione di Mosca è rivolta a rafforzare le proprie condizioni sul tavolo negoziale: neutralità dell'Ucraina e riconoscimento dell'annessione della Crimea e dell'indipendenza delle Repubbliche del Donbass e di Lugansk.

C'è una differenza però con il passato: l'esercito del III Reich ha impiegato circa un milione di uomini e cinque settimane per piegare la Polonia nel 1939. In quell'occasione, sia i Tedeschi che i Polacchi non si curarono della popolazione civile.

Invece la Russia (assediante) ha, all'inizio del conflitto, scelto di limitare al minimo gli attacchi sui centri abitati, concentrandosi sulle infrastrutture critiche, e di stabilire (in accordo con la controparte di Kiev) corridoi umanitari che non hanno funzionato al meglio a causa dell'ostruzionismo dei gruppi paramilitari ucraini (il noto Battaglione Azov su tutti, come fonti neutrali sul campo confermano, oppure il Battaglione Quasar come la mia missione del giugno 2022 ha confermato).

La pressione, in realtà, è sull'Europa, che era già divisa sulle sanzioni da applicare alla Russia. Solo l'Italia vi ha aderito entusiasticamente, mentre gli altri Paesi, più realistici, volevano una maggiore gradualità o una neutralità europea (come la Germania avrebbe preferito).

Ricordiamoci il bombardamento di Tokyo nel 9-10 marzo del 1945 che ha fatto più di 100.000 morti in una notte.

L'azione russa è lungi dall'essere una "guerra lampo" (così come molti analisti occidentali hanno erroneamente pensato): rientra nelle categorie di guerra limitata con obiettivi limitati.

Cito l'ex gen. Fabio Mini: *"La guerra limitata è una categoria prevista anche da Clausewitz e i russi sono sempre stati clausewitziani. All'inizio dell'invasione ho cominciato a vedere i segni non di una operazione speciale come l'ha definita Putin, ma di una serie di operazioni ad obiettivi limitati, unite dallo scopo strategico di impedire all'Ucraina di diventare il fulcro della minaccia militare alla Russia, ma tatticamente indipendenti. Le operazioni riguardavano la messa in sicurezza di territori del Donbass, la fascia costiera del mare d'Azov e del Mar Nero fino a Odessa e, se necessario, fino al confine con la Moldavia neutrale. L'avanzata su Kiev, inoltre, doveva essere l'operazione principalmente politica di pressione per i negoziati.*

Questo tipo di operazioni ha spiazzato tutti gli analisti della domenica che si aspettavano e forse cinicamente si auguravano di vedere la tempesta di fuoco alla quale ci hanno abituato gli americani in tutte le loro guerre.

Ovviamente questa incredulità ha alimentato le speculazioni sull'effettiva potenza dell'apparato russo e sulla eroica resistenza ucraina che avrebbe arrestato l'invasione. L'esercito ucraino, di fatto, non esiste più come struttura unitaria.

Cosa che pone non pochi quesiti sull'effetto che può avere sulle sorti del conflitto l'invio di armamenti (In quali mani finiranno? La lezione afghana non ha insegnato nulla?) ed il continuo confluire di mercenari che, spesso e volentieri, oltre ad essere profumatamente pagati, pretendono canali privilegiati sul controllo di risorse del territorio e infrastrutture sensibili.

A questo proposito, sarebbe opportuno leggere per intero il discorso del Patriarca di Mosca Cirillo (in cui si parla di conflitto metafisico prima che fisico) senza concentrarsi sui passaggi su gay pride e omosessuali (l'unico interesse occidentale).

Inoltre, sarebbe più opportuno domandarsi come mai i gruppi paramilitari ucraini non consentono ai civili di utilizzare i corridoi umanitari. La risposta è abbastanza semplice. Questo permette di prendere tempo, obbliga i Russi ad una guerra casa per casa e, dunque, impone maggiori perdite".

Ovviamente l'azione militare non è che una componente della pressione del colosso russo.

al momento del primo colpo sparato su suolo ucraino quest'anno, L'Unione Europea dipendeva in gran parte dal gas naturale russo.

I dati di Eurostat, evidenziano come l'Ue importasse nel 2019 il 41,1% del gas di cui necessita da Mosca.

L'Italia, secondo i dati del ministero della Transizione ecologica, nel 2020 ha importato il 41,1% di gas naturale dalla Russia, il 22,8% dall'Algeria e circa il 10% da Norvegia e Qatar.

Ma l'Italia sembra essere privilegiata: infatti la totalità delle importazioni di gas della Moldavia e della Bosnia provengono dalla Russia; seguono, nella classifica della dipendenza, Finlandia (94%), Lituania (93%), Serbia (89%) ed Estonia (79%); la Germania è "esposta" al 49% mentre Austria e Francia rispettivamente al 64% e 24%.

Ma non basta, ovviamente.

Le banche europee sono iperindebitate.

Non a caso molte aziende russe garantivano liquidità a banche europee anche attraverso fondazioni a società dormienti ma con ampia liquidità a disposizione. Dei 650 miliardi di dollari di liquidità russa depositata in Occidente, buona parte era in Europa. Che li ha accolti volentieri, anche per far fronte alla crisi del 2008.

Quei soldi depositati sui conti, non avevano altra funzione che essere cavalli di Troia nelle banche europee: più li usavano, più ne erano dipendenti. Questa è una mossa tipica della Dottrina Gerasimov. Le stesse banche, inoltre, sono esposte nei confronti della Russia, avendo concesso prestiti ad aziende o a colleghe russe. Non di molto, beninteso.

Ma sono comunque esposte[xxx]. Secondo i dati della Banca dei regolamenti internazionali (BRI), le grandi banche europee avevano circa 91 miliardi di dollari di crediti totali nei confronti delle controparti russe a partire dal terzo trimestre 2021, ha riferito Fitch, inclusi 41 miliardi di dollari detenuti in esposizione in valuta locale, principalmente nelle filiali russe di banche straniere. Il che porta ad un downgrade del loro rating e/o del valore di mercato dei propri titoli, quindi ad una diminuzione della loro capacità di procurarsi liquidità, alimentando la spirale negativa dell'iperindebitamento.

Con questi esempi, forse si riesce a capire la portata della Dottrina in quanto tale: ogni aspetto della vita della Nazione, che abbia un riverbero all'esterno della stessa, è dispiegato con la logica della difesa degli interessi della Nazione stessa. Ogni aspetto.

La Dottrina delle Tre Guerre

La Dottrina delle Tre Guerre è stata formulata nel 2003. Consiste in guerra di opinione pubblica (舆论战), guerra psicologica (心理战), e guerra legale (法律战).

Queste tre dimensioni, che mirano rispettivamente a influenzare le decisioni dell'avversario, plasmare l'opinione pubblica e forgiare un ambiente normativo favorevole alla Cina, non devono essere intese come una versione cinese della "guerra ibrida", ma come una continuazione dell'azione del Partito Comunista Cinese.

Il braccio armato del Partito Comunista Cinese (PCC), l'Esercito Popolare di Liberazione (PLA), ha come missione primaria quella di garantire il perdurare del Regime, moltiplicando il potere politico del PCC. Ed è il regista delle Tre Guerre.

È in quest'ottica che la Dottrina delle Tre Guerre deve essere inquadrata.

1. La guerra dell'opinione pubblica

Un articolo del 2004 su PLA Daily, il media in lingua inglese del PLA, ha definito la guerra dell'opinione pubblica come "l'uso integrato di giornali, radio, televisione, internet e altri mezzi di informazione [in] un modo pianificato e mirato [per incoraggiare] il morale nella lotta del proprio campo [e] per far crollare la volontà di combattere contro il nemico, nel contempo indirizzando l'opinione pubblica internazionale"[xxxi].

Nel 2011, il Dizionario di terminologia militare cinese ha spiegato che consiste nel "creare un ambiente di opinione pubblica favorevole all'iniziativa politica e alla vittoria militare [attraverso] l'uso di vari media e risorse informative per combattere il nemico"[xxxii].

I cinesi traducono anche la "guerra dell'opinione pubblica" (舆论战) come "guerra del consenso".

Il PLA è anche molto interessato ai modi per guidare l'opinione pubblica su Internet.

Due termini diversi sono usati qui per riferirsi all'idea generale dell'opinione pubblica, 舆情 (yuqing) e 舆论 (yulun), che si declinano rispettivamente in "comune sentire" e "opinione pubblica".

Secondo Li Changzu (李昌祖), del Dipartimento di Propaganda della Zhejiang Technological University, e il suo collega Xu Tianlei (许天雷)[xxxiii], il primo termine si riferisce all'interpretazione soggettiva di alcune realtà sociali; il secondo all'idea di un comportamento socio-politico generato dalle interazioni sociali.

Il comune sentire può quindi essere individuale quando l'opinione pubblica diviene opinione propria della maggioranza collettiva; il pubblico sentire può essere implicito, mentre l'opinione pubblica è esplicita; un comune sentire non si trasforma necessariamente in opinione pubblica, e questa non è sempre basata su un comune sentire; infine, il controllo delle emozioni pubbliche è una parte importante del lavoro di indirizzamento dell'opinione pubblica. In questo contesto, il PLA è interessato a tecniche che consentono di manipolare opinioni ed emozioni.

2. Guerra psicologica

Secondo il Dizionario di terminologia militare del 2011, la guerra psicologica si fa principalmente "utilizzando informazioni e media specifici [per] azioni di combattimento che influenzano la psicologia e il comportamento del pubblico di destinazione".[xxxiv]

Ha diversi aspetti tra cui la deterrenza ("incoraggiare un potenziale avversario a essere cauto prima di andare in guerra o, idealmente, incoraggiarlo a opporsi alla guerra") e l'inganno ("danneggiare il loro processo decisionale usando false informazioni")[xxxv].

3. La Guerra del Diritto

La guerra del diritto cinese, che riecheggia i dibattiti occidentali sul lawfare[xxxvi], si riferisce a un uso strategico del diritto.

Questo è uno dei mezzi di guerra non cinetica, che consente di influenzare il comportamento di un attore a dei fini strategici.

Come le altre due parti delle "Tre Guerre", una guerra di legge riuscita limita la libertà di azione dell'altro e aumenta la propria, in quanto fornisce alla Cina una base per affermare la legittimità delle sue rivendicazioni. Non è tanto una "guerra" di natura giuridica quanto uno scontro dialogico.

La sfida è dimostrare che la legge è dalla sua parte, qualsiasi questa legge sia, internazionale o nazionale, anche se ciò significhi strumentalizzare la giustizia per fini politici.

I militari sono incoraggiati a individuare e sfruttare il più possibile le disposizioni giuridiche a favore degli interessi cinesi, a ignorare quelle che sono contrarie ad essi e a sostenere un'interpretazione del diritto internazionale che sia loro favorevole, anche se differisce dall'interpretazione corrente[xxxvii].

Ora, lasciatemi prendere qualche riga su questo aspetto, forse il più sottile fra le Tre Guerre, che abbiamo citato nelle premesse.

Evergrande, il colosso cinese delle costruzioni, ha depositato, il 27 luglio 2023 di fronte all'On. Giudice Linda Chan di Hong Kong, istanza di protezione di creditori in caso di insolvenza secondo il Capitolo 15 del Titolo 11 del Codice degli Stati Uniti.

Questo Capitolo tratta dei casi di insolvenza transfrontaliera. Fornisce una struttura per affrontare questioni di insolvenza internazionale e coordinare procedimenti che coinvolgono debitori con attività o creditori in più paesi. Lo scopo principale del Capitolo 15 è promuovere la cooperazione e la comunicazione tra i tribunali e i rappresentanti dell'insolvenza di diversi paesi, consentendo una risoluzione più efficiente ed efficace dei casi di insolvenza transfrontaliera.

Ecco alcuni punti chiave del Capitolo 15:

1. **Riconoscimento dei procedimenti esteri:** Il Capitolo 15 consente ai rappresentanti esteri (come liquidatori, amministratori, trustee o altre autorità simili) di cercare il riconoscimento dei procedimenti di insolvenza stranieri presso i tribunali statunitensi. Questo riconoscimento fornisce ai rappresentanti esteri determinati poteri e protezioni legali negli Stati Uniti.

2. **Cooperazione e comunicazione:** Il Capitolo 15 promuove la cooperazione e la comunicazione tra i tribunali statunitensi e stranieri e i loro rappresentanti. Questo è finalizzato a facilitare il coordinamento dei procedimenti, la protezione delle attività del debitore e il trattamento equo dei creditori in diverse giurisdizioni.

3. **Sospensione dei procedimenti:** Una volta riconosciuto un procedimento estero, il Capitolo 15 impone una sospensione automatica della maggior parte dei tipi di azioni legali e degli sforzi di esecuzione contro le attività del debitore negli Stati Uniti. Questo aiuta a prevenire una corsa caotica al sequestro delle attività del debitore in diversi paesi.

4. **Accesso ai tribunali statunitensi:** I rappresentanti esteri possono cercare l'accesso ai tribunali statunitensi per avviare determinate azioni legali, come il recupero delle attività o la richiesta di ingiunzioni per proteggere l'attivo del debitore.

5. **Protezione dei creditori:** Il Capitolo 15 fornisce un meccanismo per proteggere gli interessi dei creditori che potrebbero essere influenzati dai procedimenti di insolvenza esteri. Consente la nomina di un "rappresentante estero" che può agire come collegamento tra i procedimenti di insolvenza stranieri e il tribunale statunitense.

6. **Politica pubblica e interesse pubblico:** I tribunali statunitensi hanno l'autorità di rifiutare il riconoscimento o adottare altre misure appropriate se il riconoscimento sarebbe manifestamente contrario alla politica pubblica degli Stati Uniti o se tale riconoscimento sarebbe altrimenti ingiusto.

7. **Modello di legge:** Il Capitolo 15 è stato promulgato negli Stati Uniti per allinearsi al Modello di Legge delle Nazioni Unite sulla Legge dell'ONU sulle Insolvenze Transfrontaliere. L'obiettivo è creare una struttura coerente per affrontare i casi di insolvenza transfrontaliera in tutto il mondo.

Il Capitolo 15 è particolarmente importante nell'economia globalizzata odierna, in cui le aziende spesso hanno operazioni, attività e creditori in più paesi. Fornisce un modo per affrontare casi di insolvenza complessi che coinvolgono elementi internazionali, promuovendo equità ed efficienza.

L'Insolvente, ossia chi ha emesso le obbligazioni, è la società China Evergrande Group, con sede nelle Cayman e principale luogo di operazioni gli USA. Per questo hanno potuto chiedere l'applicazione del Capitolo 15, usando come advisor – gradito alla Corte – KPMG. Non uno Studio cinese, ma una delle Big Four della consulenza mondiale.

Ora, quello che si è deciso, è la ristrutturazione del debito con uno sconto del 63%. Questo vuol dire far pagare agli investitori statunitensi le perdite di Evergrande in Cina.

Facciamo un passo indietro, al settembre 2021, quando si parlava di default di Evergrande.

L'azienda fa parte del Global 500, il che significa che è anche una delle più grandi aziende al mondo per fatturato.

Quotata nella borsa di Hong Kong a Hong Kong e con sede nella città di Shenzhen, impiega circa 200.000 persone. Con l'indotto, si calcola che mantenga più di 3,8 milioni di posti di lavoro ogni anno.

Il gruppo è stato fondato dal miliardario cinese Xu Jiayin[xxxviii], che una volta era l'uomo più ricco del paese.

Evergrande è il nome di riferimento nel mercato dell'housing residenziale – si vanta di "possedere più di 1.300 progetti in più di 280 città" in tutta la Cina – ma i suoi interessi si estendono ben oltre.

Al di fuori degli alloggi, il gruppo ha investito in veicoli elettrici, nello sport (calcio)[xxxix] e parchi a tema. Produce e distribuisce anche alimenti e bevande, vende acqua in bottiglia, generi alimentari, latticini e altri beni di consumo in tutto il Paese.

Negli ultimi anni, i debiti di Evergrande, contratti per finanziare le diverse attività del Gruppo, sono saliti alla ribalta delle pagine dei quotidiani economici a mano a mano che crescevano. Il Gruppo, nel tempo, è infatti diventato lo sviluppatore più indebitato della Cina, con oltre 300 miliardi di dollari di passività

Nelle ultime settimane, ha avvertito gli investitori circa problemi di flussi di cassa, che potrebbero portarlo in default se non fosse stato in grado di raccogliere liquidità in tempi brevissimi, a causa di "difficoltà a trovare acquirenti per alcuni dei suoi asset".

La Cina usa il settore immobiliare un po' come altri Stati usano keynesianamente la Guerra: per sostenere l'economia attraverso il consumo di risorse. Vediamo le basi di questa affermazione

A partire dall'apertura all'impresa privata, la crescita del prodotto interno lordo (PIL) della Cina è stata pari a oltre l'8% annuo fino al 2011 (Ufficio nazionale di statistica della Cina 2011).

Questo successo economico non poteva esser stato raggiunto senza il contributo dello sviluppo infrastrutturale e urbano, quindi senza una rapida crescita nel settore delle costruzioni.

Sempre secondo l'Ufficio nazionale di statistica della Cina (NBSC 2011), l'industria delle costruzioni in Cina ha rappresentato circa il 6% del PIL dal 2006.

L'occupazione nel settore delle costruzioni rappresentava anche circa il 7% dell'occupazione permanente totale nelle aree urbane della Cina.

Una caratteristica dell'industria edile cinese è la grande quota di subappalto di sola manodopera, spesso sulla base di singoli lavoratori autonomi provenienti dalle aree rurali della Cina. Come ha osservato NBSC (2011), alla fine del 2010 c'erano 71.863 imprese registrate che impiegavano 41,6 milioni di persone nel settore delle costruzioni, esclusi i subappaltatori di manodopera. Ciò ha creato una produzione totale di 9603,1 miliardi di RMB (circa 1538,6 miliardi di dollari). Statisticamente, queste cifre indicavano chiaramente la posizione di leadership del settore delle costruzioni e i suoi enormi risultati.

Ora, dobbiamo notare che nonostante la crescita significativa, la Cina era (ed è, sotto molti aspetti) ancora un Paese in via di sviluppo.

Mentre le grandi regioni metropolitane sono moderne e offrono un elevato standard di vita, quasi tutte le aree rurali e remote sono ancora poco sviluppate. Queste regioni richiedono ancora investimenti significativi nel settore immobiliare e nelle infrastrutture, sebbene l'inurbamento della popolazione, a seguito dello sviluppo industriale, abbia ulteriormente aumentato la domanda di alloggi nelle grandi città.

Ovviamente questo ha rappresentato di per sé uno stimolo importante per la crescita economica.

Oltre alla domanda diretta di alloggi e strutture, molte persone con i mezzi per investire hanno visto il settore immobiliare come un'opzione interessante, data la sua crescita. Anche i governi locali trovano la loro convenienza, attraverso la vendita dei diritti d'uso del suolo, che costituisce un flusso di entrate significativo. A tal punto che i governi locali si sono trovati finanziariamente dipendenti dal continuo sviluppo immobiliare, spesso indipendentemente dalla domanda.

Gli investimenti nelle infrastrutture sono stati un importante strumento politico per il governo cinese, al momento di affrontare la crisi economica o la recessione.

Ad esempio, in risposta alla crisi finanziaria del 2008, Pechino ha istituito un piano di stimolo economico da *quattro trilioni di yuan*, con una quota significativa diretta verso progetti infrastrutturali.

I progetti di costruzione che ne sono scaturiti hanno contribuito alla crescita del PIL, e distribuiscono flussi in tutta l'economia[xl].

Anche grazie a questo settore, la crescita economica della Cina è rimasta generalmente stabile, e il mercato edile del mondo rappresenta il 20% di tutti gli investimenti mondiali nel settore.

Nella prima metà del 2019, il valore dei contratti firmati nel settore delle costruzioni è stato di 120.305,68 miliardi di yuan, con un aumento del 2,5% su base annua.

Il valore di produzione delle costruzioni in Cina dal 2014 al 2019, indica una crescita progressiva del settore. Nel 2019, il valore della produzione del settore ha raggiunto il suo picco a circa 24,84 trilioni di yuan. Tutti gli analisti concordano nella previsione che i dati demografici continueranno a stimolare la crescita dell'edilizia residenziale in Cina.

L'aumento del reddito delle famiglie, insieme alla migrazione della popolazione dalle aree rurali a quelle urbane, continuerà a guidare la domanda di edilizia residenziale nel paese.

Una maggiore enfasi sugli alloggi a prezzi accessibili sia del settore pubblico che privato si prevede che venga ad alimentare lo sviluppo del settore dell'edilizia residenziale. Si prevede inoltre che le infrastrutture non residenziali si espanderanno drasticamente nei prossimi anni. L'invecchiamento della popolazione in Cina sta aumentando la domanda per la costruzione di strutture sanitarie e nuovi ospedali, e il maggior benessere porta con sé la domanda di centri commerciali e di luoghi di aggregazione e divertimento.

Nel 2018, circa 50 trilioni di yuan di contratti sono stati firmati dalle imprese di costruzione in Cina[xli].

Oltre a diversi contratti assegnati a China State Construction in passato da operatori di casinò e hotel locali – come Wynn Resorts, MGM, Melco e The 13 – il gruppo si è anche aggiudicato diversi contratti per lavori pubblici e progetti di sviluppo urbano in città. Nel 2019, China Railway Construction Corporation ha annunciato che il suo valore dei contratti appena firmati per i primi tre trimestri di quest'anno è aumentato del 25,07% rispetto all'anno precedente. Per il terzo trimestre, il suo valore dei contratti appena firmati è salito del 40,3% a 396,54 miliardi di yuan.

China State Construction Engineering, China Railway Group, China Railway Construction, China Communications Construction Company, Power Construction Corporation of China sono le principali società che operano nel mercato delle costruzioni cinese.

Ora, sappiamo tutti cosa è il leverage, ossia l'utilizzo che le aziende fanno del credito per moltiplicare la resa delle proprie attività.

Con una tendenza alla crescita del mercato, la ricerca del leverage spinge ad aumentare l'indebitamento delle aziende, nella previsione di un maggior ritorno.

Il leverage contribuisce a far funzionare, alimentandolo e distribuendone i profitti, il sistema creditizio e finanziario che crea liquidità grazie al leverage stesso, come già spiegato in articoli passati.

Tutti ne beneficiano. Finche' il mercato cresce.

Ma che succede se la domanda di housing diminuisce? Poco, nell'immediato ed in principio, in quanto gli sviluppatori immobiliari accedono al credito anticipando i propri proventi futuri, sulla base dei contratti di costruzione sottoscritti e negoziati – contratti i cui valori aumentano di continuo, come abbiamo visto.

L'elevato livello di indebitamento del sistema edilizio cinese, però, testimonia la fragilità del sistema, mentre contribuisce, nel contempo, a dimostrarne la funzione di traino (e/o di pretesto) dell'attività finanziaria.

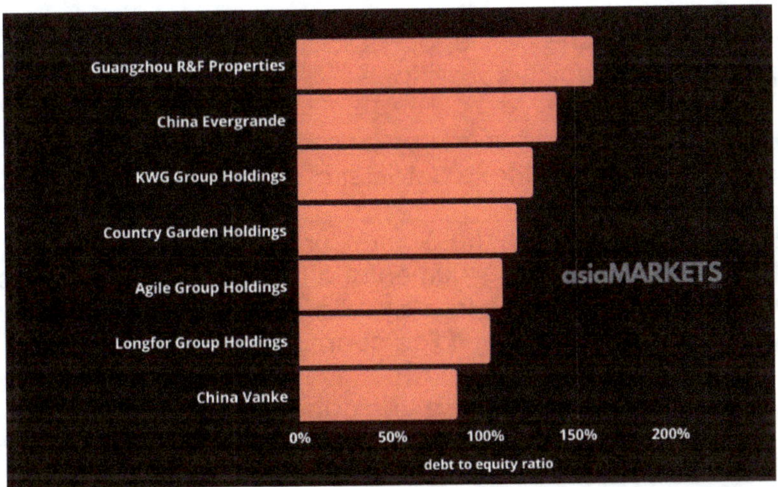

Tanto per capirci, l'indebitamento del colosso americano D.r. Horton Inc (NYSE: DHI) ha un rapporto debito/patrimonio netto del 31.4%[xlii].

Un tale indebitamento comprova il ruolo di traino dell'economia che ha il settore, dicevamo.

Inoltre, a differenza della famigerata Lehmann Brothers, Evergrande e le sue simili non basano il proprio capitale netto su titoli, bensì su materiali proprietà immobiliari e mezzi di produzione, beni reali.

Infatti, senza stupore per l'osservatore neutrale politico, il Governo di Pechino aveva deciso di intervenire[xliii] per tamponare i guai di Evergrande nell'immediato, attraverso un intervento di Reverse Repo a 14 giorni: cara

Evergrande, io ti compro degli strumenti che emetti, al patto di che tu li ricompri a scadenza ad un prezzo più alto.

Questo ha risolto i problemi immediati di liquidità di Evergrande. Ma l'intervento, il Governo, lo ha fatto *il giorno prima del default*.

Perché? Colpirne uno per educarne cento

Far rischiare ad una azienda enorme il default serve da monito per tutti, al fine di diminuire la tendenza a creare liquidità dai debiti, soprattutto altrui, esponendo il sistema intero al rischio di default, ossia di non poter più pagare nessun debito e far collassare l'economia.

Torniamo ai giorni nostri

Il Governo Cinese, una volta riaffermato il proprio potere, ha messo in atto una delle tre guerre cinesi, come da manuale, la Guerra del Diritto.

La guerra del diritto che riecheggia i dibattiti occidentali sul lawfare[xliv], si riferisce a un uso strategico del diritto.

Questo è uno dei mezzi di guerra non cinetica, che consente di influenzare il comportamento di un attore a dei fini strategici.

Come le altre due parti delle "Tre Guerre", una guerra di legge riuscita limita la libertà di azione dell'altro e aumenta la propria, in quanto fornisce alla Cina una base per affermare la legittimità delle sue rivendicazioni. Non è tanto una "guerra" di natura giuridica quanto uno scontro dialogico.

Per il PLA, il potere dialogico si basa sulla capacità di modellare informazioni, credenze e mentalità (信息—信仰—心智) in tempo di pace e in tempo di guerra, comprese le situazioni di emergenza[xlv].

IN questo caso, la Cina ha utilizzato strategicamente una legge degli USA a proprio favore, facendo di una sua debolezza una sua arma economica contro gli USA.

A quel punto Evergrande era sacrificabile, ed infatti ne e' stata richiesta la liquidazione per pagare i debiti. Ma i prestiti di Evergrande rappresentavano solo lo 0,2 percento del totale dei prestiti istituzionali finanziari, ha spiegato Liu. Il suo debito aziendale era lo 0,04 percento del mercato obbligazionario domestico della Cina[xlvi].

La guerra nel dominio cognitivo (认知领域作战) è uno dei concetti sviluppati negli ultimi anni dal PLA. Lo scopo di queste operazioni è quello di costituire un "potere di controllo della mente" (制脑权), cioè una capacità di "usare la guerra psicologica per modellare e persino controllare le capacità cognitive e decisionali del nemico"[xlvii]. Questi concetti (operazioni del dominio cognitivo e potere di controllo della mente) sono apparsi nel 2012[xlviii] e il secondo è stato teorizzato in un libro pubblicato nel gennaio 2014[xlix] di cui uno dei due coautori è il professor Zeng Huafeng (曾华锋), preside della School of Humanities and Social Sciences presso la National University of Defense Technologies (国 防科技大学).

Zeng definisce il potere di controllo del cervello come "l'uso di informazioni spirituali / psicologiche trasmesse dai media di propaganda, dalla lingua nazionale, dai prodotti culturali, ecc., come arma per infiltrarsi, influenzare e persino dirigere la conoscenza, l'emozione e la coscienza del pubblico e delle élite della nazione. L'obiettivo finale è quello di manipolare i valori, lo spirito/ ethos nazionale, le ideologie, le tradizioni, le credenze culturali, le credenze storiche, ecc., di un paese, per indurli ad abbandonare la loro comprensione teorica, il sistema sociale e il percorso di sviluppo e raggiungere obiettivi strategici senza vittoria"[l].

Il lavoro in queste aree è intimamente legato ai progressi dell'intelligenza artificiale e nella gestione dei big data.

Il Potere Dialogico

La nozione di Potere Dialogico (话语权) è apparsa in Cina alla fine degli anni 2000. Mira a sostituire quello del soft power (li软实力), che aveva dato origine a un dibattito sostenuto in seguito alla traduzione del lavoro di Joseph Nye nei primi anni 2000. L'emergere di questa ambizione discorsiva del Partito è infatti dovuto all'osservazione del fallimento – o almeno delle inadeguatezze – della politica di costruzione di un soft power cinese; fallimento attribuito non ai fallimenti del Partito ma al dominio nel campo semiologico e dialogico delle grandi potenze occidentali.

Zhang Zhizhou (张志洲), in un articolo pubblicato sul sito web dell'Ufficio informazioni del governo cinese[lii], evoca l'influenza del pensiero di Michel Foucault nel processo di emersione di questo concetto. Foucault è uno dei filosofi francesi più noti in Cina, anche se la comprensione del suo pensiero rimane più spesso "superficiale e mondana".[liii]

La nozione di potere dialogico costruita dagli intellettuali cinesi e dal Partito sembra quindi ispirarsi alla conferenza inaugurale di Michel Foucault al Collège de France intitolata "L'ordre du discours".

Foucault difende in particolare l'idea che l'accesso allo spazio della parola sia soggetto a condizioni e che "il discorso non è semplicemente ciò che traduce, rappresenta confronti o sistemi di dominio, ma ciò per cui lottiamo, ciò con cui lottiamo: il potere del quale vogliamo impadronirci[liv].

Impadronirsi della parola è prendere il potere, prendere il potere è escludere la parola dell'altro. È così che il Partito si rappresenta sulla scena internazionale, incapace di far valere i propri interessi per mancanza di una parola sufficientemente ascoltabile.

In questo contesto, l'ambizione del Partito è quindi quella di sviluppare la sua capacità di influenzare lo sviluppo delle norme, la costruzione di valori, le strutture di governance, ecc. In altre parole, se il Partito non può sedurre il mondo, è necessario che il Partito lo domini imponendo la sua parola e le sue versioni dei fatti. La nozione di potere dialogico, onnipresente in campo diplomatico e culturale, ha avuto applicazioni anche in campo militare.

Per il PLA, il potere dialogico si basa sulla capacità di modellare informazioni, credenze e mentalità (信息—信仰—心智) in tempo di pace e in tempo di guerra, comprese le situazioni di emergenza[lv].

La riflessione sul potere dialogico in campo militare è stata quindi collegata alla Dottrina delle Tre Guerre"[lvi].

Guerra politica

Nella loro pubblicazione sulla guerra politica (政治战) guidata dal PLA, Mark Stokes e Russell Hsiao definiscono questo concetto più precisamente come l'insieme dei metodi per influenzare le emozioni, le motivazioni, il ragionamento oggettivo e i comportamenti di governi, organizzazioni, gruppi e individui di un paese straniero in modo favorevole agli obiettivi politici e militari del suo paese[lvii]. Ciò fa eco alla definizione di George Kennan nel suo famoso telegramma del 1948, vale a dire che nel suo senso più ampio si riferisce all'uso di tutti i mezzi a disposizione di una nazione, diversi dalla guerra, per raggiungere i suoi obiettivi.[lviii]

Misure attive

Sebbene la nozione di "misure" attive non abbia origine in Cina ma in Unione Sovietica, è utile da prendere in considerazione, perché' integra bene le nozioni precedenti per comprendere tutto il repertorio di azioni di influenza cinesi.

Le Misure Attive (активные теропрития) sono "il cuore e l'anima dei Servizi Sovietici", secondo le parole del generale del KGB Oleg Kalugin[lix].

Vengono definite da Vassili Mithrokin, il famoso quadro degli Archivi del KGB, come delle "misure operative che mirano ad esercitare un'influenza utile su diversi aspetti della vita politica di un Paese bersaglio, che presentino un interesse come la sua politica estera, la risoluzione di problemi internazionali, e che consentano di ingannare l'avversario, a minare e indebolire le sue posizioni, a disturbare i suoi piani ostili e a raggiungere altri obiettivi possibili"[lx]

Il Dizionario di Controspionaggio dell'accademia del KGB, pubblicato nel 1972, parla, da canto suo di "atti di controspionaggio, che permettano la comprensione delle intenzioni del nemico, di anticipare le sue azioni indesiderate, di condurlo in errore, di prendere iniziative, di contrastare le sue azioni di sabotaggio"[lxi]

Nella terminologia sovietica, le misure attive sono delle operazioni di influenza ingegnerizzate e condotte dal KGB, e specificatamente dal Servizio A della Prima Direzione Generale (avo del SVR).[lxii]

Esse sono condotte all'estero con l'obiettivo di creare un ambiente favorevole per l'URSS. La qualificazione di un'operazione di controspionaggio può essere sorprendente, ma non dovrebbe portare all'integrazione di misure attive in misure difensive: piuttosto, sono operazioni che rientrano nell'ossimoro delle misure di difesa offensiva. Le misure attive erano in gran parte integrate nell'apparato di politica estera dell'URSS, di cui costituivano una modalità d'azione percepita come normale e legittima[lxiii], a differenza degli Stati Uniti e di altri paesi occidentali, dove le azioni clandestine rientrano in un regime di deroga alla common law e sono considerate un'eccezione.

Le misure attive costituiscono un vasto – e variabile secondo gli autori – repertorio di strumenti di influenza nelle mani del Partito. Questi includono la disinformazione, contraffazione, sabotaggio, operazioni di discredito contro individui o organizzazioni, destabilizzazione di governi stranieri attraverso l'organizzazione di proteste, provocazioni, operazioni sotto falsa bandiera e manipolazioni volte a indebolire la coesione sociale; il reclutamento di "utili idioti" spesso usati per propagare le narrazioni forgiate dal KGB e la creazione di strutture di facciata (organizzazioni di facciata) ufficialmente indipendenti ma che lavorano a beneficio del KGB e dell'URSS. Alcuni includono anche omicidi e azioni terroristiche[lxiv].

Qualsiasi sia il mezzo utilizzato, l'obiettivo è sempre quelle di influenzare le politiche perseguite da un attore straniero.

La nozione di misure attive viene reinvestita da alcuni ricercatori ed esperti dopo la crisi ucraina per qualificare le operazioni di influenza svolte dai servizi di intelligence russi (GRU, SVR, FSB) nell'era post-sovietica.

In Cina, invece, viene usato raramente, ma gli attori cinesi sembrano attingere bene dal repertorio di strumenti forgiati dal KGB per condurre le loro operazioni di influenza, come nel caso dell'operazione chiamata "Infektion 2.0" volta ad avallare l'origine americana della pandemia di Covid-19.

Guerra a tutto campo

Le azioni ostili cinesi emergono dal nuovo assetto mondiale. L'aumentato potere della Cina nel contesto globale conferisce una maggiore efficacia alle azioni ostili di rivendicazione di un ruolo nello scacchiere internazionale.

La Cina da anni ormai sta portando avanti con successo le sue Tre Guerre contro l'Occidente. Tipico esempio di influenza cinese sono:

1. l'adesione entusiasta di alcuni governi al progetto Road and Belt, che sposta pericolosamente la bilancia commerciale dell'Europa verso Est, e la capacità mostrata dalla Cina di influenzare le nostre supply chains attraverso il controllo dei porti cinesi, creando ad arte rallentamenti e strozzature, che comportano di riflesso ritardi e impedimenti nella pianificazione delle logistiche occidentali (guerra economica).

2. La reazione che i governi occidentali hanno avuto al diffondersi del Covid-19: chiudendo le persone in casa, privandole del diritto di incontrarsi e di lavorare, di sfamare la propria famiglia (se non ottenevano il permesso governativo) eccetera: sono misure tipiche dell'illuminismo europeo o della Cina? L'abbassamento delle aspettative democratiche è proceduto di pari passo alla presa del potere da parte dei populisti ovunque sia accaduto (quante stelle ci sono sulla bandiera di Pechino?) Le politiche green che si basano su prodotti made in China.... (guerra psicologica e politica).

3. L'interpretazione di norme e leggi a proprio favore (si veda il discorso delle acque sino-giapponesi), e l'uso e imposizione della legge per condannare chi osasse parlare contro il PCC (vedasi le repressioni in Hong Kong) – guerra legale.

D'altronde la Cina è un colosso compatto, che reagisce in modo totalmente diverso da come reagirebbe l'occidente anche alle crisi (vedasi Evergrande).

La Cina sostiene che la mentalità della Guerra Fredda dovrebbe essere completamente abbandonata e che un meccanismo di sicurezza europeo equilibrato, efficace e sostenibile dovrebbe finalmente essere formato attraverso il dialogo e il negoziato". (24/02/2022 19:18 Resoconto ufficiale del Ministero degli Affari Esteri della RPC.)

Un esempio? L'impatto delle azioni Cinesi sull'inflazione nelle economie avanzate.

In molti (non il sottoscritto) hanno augurato il ritorno all'inflazione, considerando che nessun imprenditore investe oggi nella produzione di qualcosa che domani vende ad un prezzo inferiore o quasi uguale a quello di oggi. La vision di un aumento del prezzo del prodotto al consumatore è considerato un incentivo alla produzione.

Questo era vero fino a qualche anno fa, quando le aziende avevano scorte di semilavorati e materie prime (e non ragionavano in termini di just-in-time): il décalage temporale di produzione tra acquisizione materie e vendita, forniva un vantaggio di bilancio in termini numerici.

Ma ora ha molto meno senso.

Il problema vero, infatti, è che questa inflazione è esogena, e deriva proprio dalla difficoltà di reperire semilavorati e materie prime (per non parlare delle politiche fiscali associate alla spinta verso il green, che penalizzano Paesi come il nostro, senza nucleare).

Oltre ai noti problemi dovuti all'assorbimento massiccio di risorse da parte della Cina, ci sono dei nuovi problemi di carattere logistico.

Come ho già avuto modo di narrare, la Cina ha acquisito partecipazioni importanti in quasi tutte le compagnie di navigazione e di trasporto a livello mondiale, e, avendo aumentato di molto il traffico navale verso i propri porti, un semplice blocco di un giorno (con la scusa del Covid, ad esempio) di un suo porto, fa mettere in coda e perdere giorni a milioni di TEU. Cosa che è successa ancora la settimana prima della redazione di questo capitolo, ed ancora non cessata.

Un'altra azione "ostile" è stata lo spegnimento dei sistemi elettronici automatici di tracciamento dei vascelli, che si interfacciavamo con le piattaforme logistiche dei porti di approdo, consentendo l'ottimizzazione dei tempi di carico, scarico, sgombro piazzale, traffico su ruota eccetera. Questo ha penalizzato la catena di approvvigionamento delle materie prime e semilavorate di tutto il mondo occidentale.

Cosi' come indicato nelle premesse, Le tariffe di trasporto marittimo sono aumentate molto bruscamente dalla metà del 2020 e hanno raggiunto i livelli storicamente più elevati.

Gli aumenti più forti si sono verificati sulle navi portacontainer come il Freights Baltic Container Index ci dice.

L'aumento di questo indice è stato guidato principalmente da forti aumenti dei costi sulle rotte dall'Asia al Nord America e anche sulle rotte dall'Asia al Nord Europa / Mediterraneo.

Dietro questo aumento dei costi di spedizione c'è una discrepanza tra una forte domanda globale di merci e diversi vincoli di offerta nel trasporto marittimo.

Da un lato, la ripartenza globale ad alta intensità di beni materiali merci ha visto una forte ripresa dell'attività manifatturiera, aumentando il commercio internazionale di beni intermedi e la domanda di spedizioni di container.

In termini di offerta, la ripresa economica asincrona aveva visto i container vuoti lasciati in diversi porti del Nord America e dell'Europa, creando una carenza di container disponibili per l'esportazione dall'Asia.

Allo stesso tempo, una serie di interruzioni legate al Covid nei porti cinesi ha creato ritardi e alla fine congestione nei porti in Europa e negli Stati Uniti, con navi che arrivano con un ritardo di oltre 7 giorni in media a settembre, un eccesso di 3,5 giorni rispetto alla media 2016-19.

Ciò ha portato i prezzi di nolo a livelli mai visti prima, in particolare sulle rotte di spedizione dall'Asia al Nord America e all'Europa. Inoltre, la continua impennata dei prezzi globali del petrolio e del carburante ha ulteriormente aumentato le tariffe di spedizione.

Sfortunatamente, la guerra in atto complica ulteriormente il movimento delle merci tra Europa e Asia.

Per le merci tra l'Asia e l'Europa, si userebbe la rete ferroviaria russa come altra possibile opzione. Sia Maersk che DB Schenker, l'unità logistica dell'operatore ferroviario nazionale tedesco Deutsche Bahn, offrono servizi intermodali – via mare dall'Asia, poi sulle linee ferroviarie russe verso l'Europa.

Ma anche questi operatori sono soggetti alle restrizioni e sanzioni. "Evitare le sanzioni è un fattore chiave", secondo Xeneta, una piattaforma di analisi del mercato del trasporto merci.

"Ciò significa prezzi più alti per la spedizione alla rinfusa, il che renderà più costoso il commercio e la spedizione in tutto il mondo"

La conseguenza? Il costo medio di spedizione di un container di 40 piedi, da Shanghai a New York, che Nel 2019 sarebbe stato di 2.500 dollari, oggi è quasi 15.000 dollari, per le spedizioni pianificate con tempo, altrimenti oltre 20.000.

Altra conseguenza è la scarsità di prodotti grezzi e semilavorati sul mercato, che in alcuni settori ha fatto aumentare il costo degli stessi quasi del 50%.

Questo ha fatto aumentare lo sbilanciamento tra domanda e offerta di beni e servizi, tanto da portare l'inflazione al 6.8% su base annua (nov 2020 / nov 2021).

Ora, questo tipo di inflazione esogena e da costo va a cozzare con le politiche monetarie espansive della BCE e della FED che rischiano di aumentare l'inflazione ed innescare una spirale simile a quella della fine degli anni 70 (successiva allo shock petrolifero) che ci ha coinvolto fino agli anni 80.

Questo vuol dire che la Cina è diventata prepotentemente un elemento imprescindibile nella pianificazione delle politiche nazionali. Esattamente quello che una Dottrina di influenza può (e deve) fare.

Con una forza così preponderante, e delle infiltrazioni sottili e pervasive nella politica e nella società occidentali, può la Cina aver interesse ad intervenire manu militari per, ad esempio, l'annessione di Taiwan?

Solo per un buon motivo.

Le guerre si combattono sul web e nello spazio, con le TLC.

Il processo di isolamento della Cina è continuato con l'Amministrazione Trump, neppure tanto in sordina, vietando l'importazione delle sue produzioni nel settore delle telecomunicazioni, mettendo all'indice i sistemi di rete e la tecnologia 5G di ZTE e di Huawei, in quanto non assicuravano ai gestori occidentali la assoluta integrità delle comunicazioni, per via di possibili intercettazioni.

Subito dopo fu messa sotto controllo la esportazione americana di microchip alla Cina: rappresentano il cuore di ogni dispositivo elettronico, la leva indispensabile per qualsiasi applicazione di Intelligenza Artificiale, su cui Pechino ha fatto giganteschi passi in avanti.

È dunque sul controllo della produzione dei microchip, che vede a Taiwan la concentrazione di più alto livello qualitativo e di dimensioni maggiori, che si gioca gran parte della partita nei confronti della Cina: la competizione in campo tecnologico si trasforma in conflitto geopolitico.

D'altra parte, la colpa è dell'Occidente, che ha abbandonato sin dagli anni Sessanta il comparto della manifattura dell'elettronica di consumo: prima le radio, i televisori ed i videoregistratori; poi i lettori CD ed i personal computer; infine i tablet e gli smartphone. All'inizio, i più forti erano i produttori giapponesi e sud coreani, poi sono arrivati i cinesi, con una capacità travolgente e prezzi imbattibili.

L'Europa è uscita di scena: i suoi marchi tradizionali, da Nokia ad Ericsson, da Alcatel ad Italtel, passando per Siemens, sono stati travolti.

L'America è riuscita a mantenere una forte capacità produttiva solo nei mainframe, gli elaboratori di grandi dimensioni, i sistemi di raccolta e di elaborazione dati che rappresentano la forza delle piattaforme di e-commerce come eBay oppure Amazon, ovvero dei social network come Facebook e Twitter. Ma se in Cina esistono altrettante capacità di realizzazione e sviluppo, di quanto accade in Russia non si racconta molto sui media occidentali, se non per sottolineare la estrema pericolosità degli hacker che scatenano attacchi informatici continui su scala globale.

Ora si cerca di riavviare le produzioni nel settore dell'ICT, ma tra immense difficoltà. Il NGUE, il Piano europeo di recovery e resilienza, destina infatti ingenti risorse al settore della tecnologia informatica e della Intelligenza Artificiale. Lo stesso si fa negli Usa con il programma federale "3B, Built Back Better", voluto dall'Amministrazione Biden.

Senza questi enormi investimenti pubblici, tra contributi a fondo perduto e commesse all'industria europea ed americana, sarebbe impossibile ricostituire un sistema produttivo distrutto dalla globalizzazione mercantilistica.

La Russia ha compromesso i programmi spaziali di tutto l'occidente bloccando la vendita dei propri vettori.

La Cina potrebbe fare lo stesso, velocemente, controllando il maggior produttore al mondo di microprocessori, qualora l'Occidente decidesse di aumentare la propria autonomia funzionale dalla Cina – come ad esempio stanno facendo i membri dell'AUKUS – o iniziasse ad usare i propri mezzi per cercare di imporre un cambiamento ideologico in Cina, non più favorevole alle politiche del PCC, che comporterebbe il crollo del sistema economico dirigistico della Cina, con conseguenti ripercussioni simili alla guerra sulla popolazione cinese.

La domanda, che abbiamo posto nelle prefazioni, quindi, non è se lo farà, ma quando (e come).

Consideriamo che le maggiori economie europee producono le stesse cose e si approvvigionano delle stesse cose sugli stessi mercati. Sono quindi concorrenti diretti.

Consideriamo anche che non siamo riusciti a far dell'Europa una Federazione, in tanti anni che ci stiamo provando.

Consideriamo che ogni Paese d'Europa ha la sua politica fiscale, un diverso rendimento degli investimenti, un unico ed irripetibile equilibrio sociale.

E poi limitiamoci ad osservare quel che è successo, ad esempio, nella crisi ucraina.

Il 24 febbraio 2022, al summit europeo, il primo ministro olandese Mark Rutte ha ammesso che un divieto di SWIFT è "sensibile" per alcuni paesi dell'UE "perché avrebbe anche un enorme impatto su noi stessi".

Il primo ministro britannico Boris Johnson, che invece voleva fortemente che la Russia fosse estromessa dallo SWIFT, ha sollevato la questione in una telefonata con i leader del G7 del 24 febbraio 2022 stesso.

Una trascrizione di Downing Street di una precedente telefonata tra Johnson e Scholz chiarisce la posizione del Regno Unito: "Il primo ministro ha accolto con favore la decisione della Germania di sospendere il gasdotto Nord Stream 2, ma ha affermato che gli alleati devono ora fare uno sforzo concertato per portare le sanzioni più forti possibili al regime di Putin».

"Il primo ministro ha sottolineato che l'inazione o la sottoreazione occidentale avrebbe conseguenze impensabili". Un portavoce di Downing Street ha affermato che è essenziale che qualsiasi misura su SWIFT sia coordinata tra Regno Unito, Stati Uniti e UE.

Sì, stiamo parlando dello stesso primo ministro della Brexit, della Global Britain, quello che con l'AUKUS ha tolto la commessa dei sottomarini nucleari dell'Australia alla Francia.

Macron ha provato a perseguire la via del dialogo – salvo poi esser redarguito da Biden nel discorso del 12 marzo 2022.

A seguito dei dubbi del 24 e delle telefonate immediatamente successive, l'Italia, da canto suo, il 26 febbraio, ha confermato che sosterrà l'adozione di misure per espellere la Russia dal sistema SWIFT come parte di ulteriori sanzioni dell'Unione europea contro Mosca.

Durante una telefonata con Zelens'kyi, Draghi ha affermato che *"l'Italia sostiene pienamente la linea dell'Unione Europea sulle sanzioni contro la Russia, comprese quelle riguardanti SWIFT, e continuerà a farlo"*

Anche se la UE non aveva ancora espresso una linea.

Ancora una volta, come successo nelle due guerre mondiali precedenti, l'Europa è sola con i suoi spettri, con le sue divisioni. E rischia, autosanzionandosi di riflesso, mandando armi invece di restare neutrale, di finire di distruggersi.

Salvo poi essere – più tardi, con calma e forse – "salvata" di nuovo dagli Stati Uniti.

L'Europa è disunita. Gli stessi Stati membri subiscono delle spinte disgregatrici dall'interno.

Questo è un dato di fatto.

Tale disunione comporta l'impossibilità di elaborare e adottare una Dottrina Europea, dai tempi di Traiano.

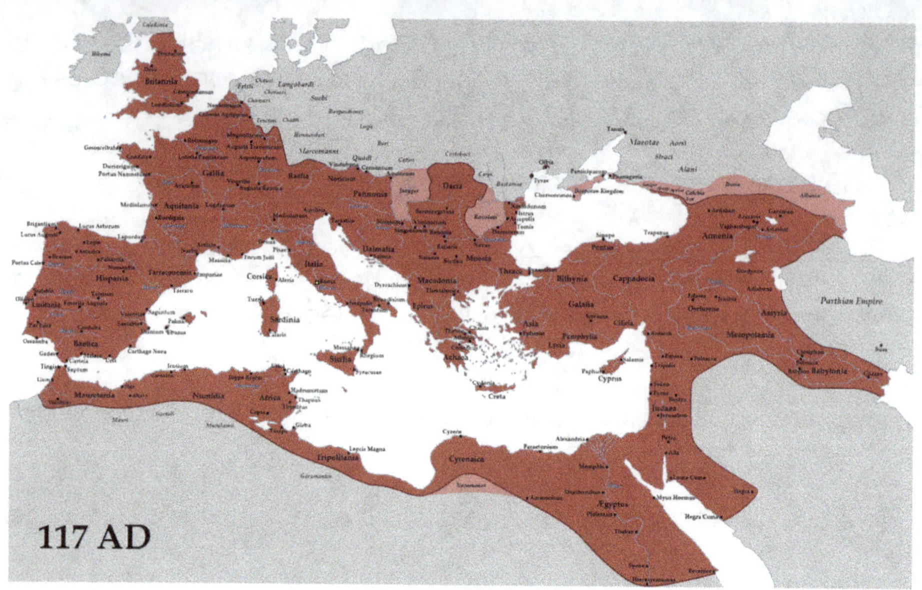

Il famoso saggio di Francis Fukuyama "La fine della storia?" contiene una frase che descrive opportunamente la concezione comune dell'Europa di oggi: postulando che la battaglia ideologica per la democrazia liberale è già stata vinta, Fukuyama descrive quello che chiama il "periodo post-storico" – non senza una nota di tristezza – come "la perpetua cura del museo della storia umana".

Questa è l'immagine popolare della Vecchia Europa: un luogo per i turisti per ammirare le meraviglie di una civiltà che molto tempo fa ha raggiunto il suo apogeo, ma per il resto crogiolandosi nella propria stagnazione.

E sicuramente Fukuyama prefigurò la situazione europea mentre continuava a scrivere: "Posso sentire in me stesso, e vedere negli altri intorno a me, una potente nostalgia per il tempo in cui esisteva la storia. Tale nostalgia, infatti, continuerà ad alimentare la competizione e il conflitto anche nel mondo post-storico per qualche tempo a venire".

Non c'è bisogno di approvare il determinismo hegeliano di Fukuyama per vedere la condizione attuale dell'Europa in questo passaggio.

Mentre quella vasta sterilità che è l'Unione Europea cerca di assorbire le particolarità nazionali, le antiche personalità nazionali si riaffermano con aria di sfida. L'idealismo transnazionalista della classe politica europea è sempre più sfidato dai movimenti populisti che si sollevano dalla base – un'insurrezione a livello continentale che minaccia di sconvolgere l'UE.

I partiti nazionalisti sono in ascesa: in Francia, il Fronte Nazionale anti-UE è arrivato primo alle elezioni parlamentari europee, un risultato che ha la classe politica in preda al panico – e con buone ragioni. Dall'altra parte della Manica, il Partito per l'Indipendenza del Regno Unito (UKIP), ex setta di destra, ha lanciato una sfida sorprendentemente riuscita ai partiti "maggiori", sostenendo l'uscita dall'UE e ficcando il naso al paternalismo compiaciuto dell'establishment politico. In Grecia, il populismo anti-UE indossa un volto "di sinistra", con Syriza – una coalizione di socialdemocratici di sinistra, eurocomunisti e una mezza dozzina di gruppi trotskisti – che batte l'opposizione di centro-destra e forma un governo. Anche la Spagna e l'Italia, vittime dell'austerità imposta dall'UE, sono in subbuglio politico, con partiti e movimenti anti-UE che sorgono sulla cresta dell'onda di protesta.

Tutti questi fenomeni, indipendentemente dalle loro carenze, condividono una visione comune in un modo o nell'altro: che il tentativo di creare un'Europa unita è una maschera per qualcos'altro: la razionalizzazione dell'industria europea e la codificazione giuridica delle norme socialdemocratiche in tutto il continente.

Dal punto di vista economico, l'UE è stata obiettivamente un disastro.

La creazione dell'euro come moneta continentale, su aree economiche disomogenee, ha fatto sì che Bruxelles diventasse il supremo pianificatore economico dell'Europa, in effetti soppiantando i governi degli Stati membri.

Significava anche che i burocrati dell'UE, oltre a imporre una serie sconcertante di regolamenti, hanno fatto una dura campagna per costringere gli Stati membri ad aumentare le tasse. Eppure questo programma essenzialmente keynesiano-corporativo è stato presentato con un falso volto di "libero mercato", sottolineando l'apertura delle frontiere e l'abolizione delle tariffe e delle quote d'importazione[lxv].

Se l'Europa ritrovasse il senno, e la capacità di agire unita, se ritrovasse un po' di quell'audacia unificante che caratterizzava l'Impero Romano, Carlo V, Napoleone, potrebbe intraprendere l'unica via ragionevole per smarcarsi dall'emprise di imperi terzi: una pressione concentrata, volta ad aumentare la propria influenza nel Bacino del Mediterraneo. Il futuro dell'Europa, è a Sud - Anche perché noi europei, i corridoi umanitari per noi stessi, verso dove li faremmo?

Ma forse, in queste acque agitate, il fatto di essere disuniti può tornare utile.

La capacità di sopravvivenza di un organismo sociale risiede nella valorizzazione delle differenze dei propri componenti. È infatti necessario che, ad ogni stimolo proveniente dall'esterno, ci sia almeno uno dei componenti che possa rispondere per tutta la società[lxvi].

Nel nostro caso, il fatto di avere permeabilità diverse alle diverse pressioni che subiamo dai tre poli (USA, Russia e Cina), e dal mondo islamico – sebbene in misura diversa – implica che queste potenze devono erogare uno sforzo ben maggiore, per influenzare il tessuto socio-economico dei Paesi al fine di coagulare consenso.

Mi spiego meglio. Se la Cina non ha avuto troppa resistenza in passato ad attrarre l'Italia, ne ha avuta di più ad attrarre la Francia o la Spagna.
Se la Francia è a favore dell'embargo contro la Russia, l'Ungheria è contro, e per convincerla bisognerebbe erogare uno sforzo maggiore.

Se non altro, complichiamo la vita agli strateghi delle diverse potenze, che si trovano privi di una ricetta univoca di influenza valida per 680 milioni di persone. Questo comporta maggior studio, maggior spesa, e comunque il risultato non è certo, né quantificabile. E nessun investimento si fa se non si riesce a calcolarne ragionevolmente il ritorno.

La resistenza Europea si sostanzierebbe nell'intraprendere una nuova politica imperialistica; la sua resilienza nella parcellizzazione delle azioni di attacco da parte dei suoi nemici.

Interessante, vero? [lxvii]

Cap. 4 - Quale futuro? La sfida della IA, della finanza, della tecnologia e del cambiamento climatico

Non possedendo la sfera magica, non possiamo che lavorare sulla base di dati.

L'Intelligenza Artificiale

"Nei prossimi anni, l'IA [lxviii] eserciterà un impatto enorme sullo sviluppo economico e sulla natura del lavoro. Inoltre, rimodellerà radicalmente le dinamiche competitive di molti settori. Per questo motivo, molti leader credono che il futuro dei loro paesi sia in bilico. Non c'è da meravigliarsi che i governi si stiano affrettando a promuovere gli investimenti nell'IA, a stabilire programmi di istruzione e a perseguire la ricerca e lo sviluppo per sostenere le imprese all'interno dei loro confini.

In effetti, molti governi hanno sviluppato framework formali di intelligenza artificiale per contribuire a stimolare la crescita economica e tecnologica. Questi vanno dall'ordine esecutivo degli Stati Uniti sulla leadership dell'IA e dal "Piano di sviluppo dell'intelligenza artificiale di prossima generazione" della Cina all'"IA Made in Germany" e alla "Strategia pan-canadese per l'intelligenza artificiale".

Queste strategie si concentrano sul talento e sull'istruzione, sugli investimenti governativi, sulla ricerca e sui partenariati collaborativi. Ma i governi devono affrontare molto di più delle sfide tecnologiche ed economiche. Molti stanno valutando come garantire la privacy, la sicurezza, la trasparenza, la responsabilità e il controllo dei sistemi abilitati all'intelligenza artificiale senza limitare l'innovazione e i potenziali vantaggi economici. Nonostante l'intensa concorrenza tra paesi e aziende, l'IA non dovrebbe essere considerata un gioco a somma zero. Tutti gli utenti possono imparare gli uni dagli altri e il successo iniziale dipenderà probabilmente dall'esecuzione corretta, dalla scelta dei casi d'uso giusti, alla preparazione della forza lavoro, alla gestione dei rischi e delle sfide" [lxix].

La tecnologia avanzata sarà sempre più pervasiva. E questa è sviluppata fondamentalmente da Organizzazioni Non Governative, di cui abbiamo parlato nel Libro Primo, che hanno la possibilità di accedere alle risorse finanziarie presenti sui mercati, beneficiano di commesse statali (Difesa e nella Amministrazione Fiscale sono in prima fila nella richiesta di soluzioni tecnologiche avanzate) e possono quindi contare sull'alleanza interessata dei centri di ricerca accademici e non.

Rand, nel suo studio "AI and Geopolitics: How might AI affect the rise and fall of nations?" [lxx] ci avverte: "Le nazioni di tutto il mondo potrebbero vedere il loro potere aumentare o diminuire a seconda di come sfruttano e gestiscono lo sviluppo dell'intelligenza artificiale (AI). Indipendentemente dal fatto che l'IA rappresenti un rischio esistenziale per l'umanità, i governi dovranno sviluppare nuovi quadri normativi per identificare, valutare e rispondere alla vasta gamma di sfide che l'IA ci porrà".

Nel contesto dei crescenti timori per le conseguenze catastrofiche, il governo degli Stati Uniti, possibilmente in collaborazione con alleati simili, decide di prendere il controllo dello sviluppo dell'IA.

Questa mossa rappresenta una deviazione significativa dall'approccio tradizionalmente libero degli USA nella direzione di una regolamentazione e supervisione statale dell'informatica e lo sviluppo del software di intelligenza artificiale, rincorrendo un monopolio delle risorse chiave come la potenza di calcolo dell'IA, i data center, gli algoritmi avanzati e i talenti.

Questo si traduce in una direzione più autocratica, simile alle iniziative passate come il Programma Apollo e il Progetto Manhattan, dove lo sviluppo dell'IA è guidato e gestito direttamente dal governo anziché dalle aziende private.

Tale controllo potrebbe innescare una corsa agli armamenti nell'ambito della difesa, con altri Paesi che cercano freneticamente di sviluppare l'IA per non rimanere indietro in un'era guidata da questa tecnologia.

Inoltre, tale nazionalizzazione potrebbe alterare l'equilibrio economico mondiale, poiché le economie che non possono tenere il passo con la transizione rischiano di subire un declino significativo a causa della loro incapacità di sviluppare e integrare l'IA nella loro forza lavoro.

Nel nostro caso, non possiamo non citare alcuni dati

Nel 2008, l'economia dell'UE era leggermente più grande di quella degli Stati Uniti ($16,2 trilioni contro $14,7 trilioni). Tuttavia, entro il 2022, l'economia degli Stati Uniti si era espansa a $25 trilioni, mentre l'UE e il Regno Unito insieme avevano raggiunto solo $19,8 trilioni.

L'economia degli Stati Uniti è oggi quasi un terzo più grande e più del 50% più grande dell'UE escludendo il Regno Unito.

Nel 2013, l'economia dell'UE in termini di dollari era il 91% dell'economia americana, ma un decennio dopo (nel 2023), è solo il 65%. Inoltre, il PIL pro capite negli Stati Uniti è più del doppio di quello dell'UE e questo divario si sta ampliando.

Solo gli USA si stanno attrezzando? No.

In un evento che ricorda l'impatto di Sputnik, tre organizzazioni cinesi - Huawei, Baidu e l'Accademia di Intelligenza Artificiale di Pechino (BAAI) - annunciano un importante progresso nell'IA, cogliendo di sorpresa il mondo.

In questo scenario, i progressi cinesi nell'IA sono stati inizialmente sottovalutati e continuamente minimizzati dai leader politici delle economie avanzate. Le aziende, gli istituti di ricerca e i laboratori governativi cinesi superano i loro concorrenti stranieri grazie alla capacità di assorbire finanziamenti governativi su larga scala.

I modelli di intelligenza artificiale all'avanguardia traggono vantaggio dal vasto bacino di dati della popolazione cinese.

La fusione militare-civile in Cina consente agli attori chiave dell'industria, dell'istruzione e del governo di condividere risorse attraverso un'infrastruttura di pensiero e industriale comune.

BAAI beneficia di partnership strategiche e di accesso a risorse computazionali significative. Questo consente alla Cina di avanzare nella ricerca sull'IA a un ritmo senza precedenti, portando a scoperte che colgono il mondo impreparato e generando gravi preoccupazioni nei leader politici e militari statunitensi per il possibile vantaggio militare cinese derivante dall'IA.

Per quel che concerne le altre nazioni, partenariati necessari tra governi, industrie globali, organizzazioni della società civile, università e istituti di ricerca sono chiamati a sostenere lo sviluppo e la diffusione rapida dell'IA.

Questi partenariati formano un ambito che promuove collaborazioni multilaterali, sfruttando dati su larga scala e risorse di calcolo, formazione e archiviazione.

Attraverso finanziamenti governativi, questo ambito sviluppa soluzioni congiunte e sforzi tecnologici per lo sviluppo di sistemi di feedback in grado di aumentare l'affidabilità e la sicurezza dei sistemi di IA.

Nuovi organismi governativi internazionali, come l'Abu Dhabi AI Council, stabiliscono gli standard per un utilizzo responsabile dell'IA, coinvolgendo una vasta gamma di attori. Il risultato è un settore dell'IA sano, che sostiene la crescita economica in parallelo allo sviluppo di sistemi di IA equi, sicuri e protetti.

Il panorama tecnologico europeo è dominato da giganti americani come Amazon, Microsoft e Apple, con tutte le sette più grandi aziende tecnologiche al mondo per capitalizzazione di mercato.

Solo due aziende europee sono entrate nella top 20: ASML e SAP.

Mentre la Cina ha coltivato i suoi giganti tecnologici, i campioni europei vengono spesso acquisiti da controparti americane, come l'acquisizione di Skype da parte di Microsoft nel 2011 e l'acquisto di DeepMind da parte di Google nel 2014.

Negli ultimi anni, OpenAI ha realizzato una serie di progressi impressionanti nell'intelligenza artificiale che funziona con il linguaggio, prendendo algoritmi di apprendimento automatico esistenti e scalandoli fino a dimensioni precedentemente inimmaginabili. GPT-4, l'ultimo di questi progetti, è stato probabilmente addestrato utilizzando trilioni di parole di testo e molte migliaia di potenti chip per computer. Il processo è costato oltre 100 milioni di dollari[lxxi].

Nel 1990, l'Europa produceva il 44% dei semiconduttori mondiali. Oggi, quella quota è scesa al 9%, rispetto al 12% negli Stati Uniti. Mentre sia l'UE che gli Stati Uniti stanno cercando di rafforzare le loro capacità di semiconduttori, gli Stati Uniti si apprestano a lanciare 14 nuove fabbriche di semiconduttori entro il 2025, mentre Europa e Medio Oriente ne stanno pianificando solo 10, in contrasto con le 43 nuove strutture della Cina e di Taiwan.

Sia gli Stati Uniti che l'UE perseguono politiche industriali ambiziose che comprendono finanziamenti pubblici ed incentivi per i produttori di chip e i produttori di veicoli elettrici per invertire questa situazione.

Tuttavia, gli Stati Uniti, grazie allo status sebbene momentaneo del dollaro come valuta di riserva mondiale, possono finanziare le proprie ambizioni senza causare preoccupazioni di mercato, mentre il bilancio dell'UE è più piccolo e ha iniziato solo di recente a emettere debito comune.

Inoltre, l'accesso al capitale privato è anche più facilmente disponibile negli Stati Uniti: l'Europa è diventata fortemente dipendente dai mercati dei capitali statunitensi, con gli operatori del settore europei che spesso si rivolgono agli investitori americani per operazioni sostanziali, acquisizioni o offerte pubbliche iniziali.

Dopo un 2023 difficile, le aziende tecnologiche dovrebbero aspettarsi di assistere a un rimbalzo dei finanziamenti del venture debt tecnologico, alimentando l'innovazione.

Dopo quattro anni di attività di venture debt statunitense da 30+ miliardi di dollari, seguita da un forte crollo nel 2023 a 12 miliardi di dollari, il venture debt tecnologico statunitense potrebbe registrare un modesto aumento a

14-16 miliardi di dollari e continuare a crescere in futuro. Nel breve termine, è probabile che le operazioni di venture debt diventino più piccole.

Tuttavia, è probabile un aumento delle operazioni strategiche di venture capital nel 2024, poiché le società tecnologiche a mega capitalizzazione ricche di liquidità potrebbero investire o acquistare società più piccole che non sono in grado di raccogliere capitale o debito.

È probabile che questi sviluppi del mercato incoraggino le aziende tecnologiche in fase iniziale a costruire una crescita più stabile nel tempo.

Nonostante l'aspirazione dell'UE di istituire una "unione dei mercati dei capitali" per raggiungere una scala simile a quella degli Stati Uniti, i progressi sono stati lenti, per non dire inesistenti.

A differenza dell'Europa, gli Stati Uniti godono di fonti energetiche interne abbondanti e poco costose, con la rivoluzione dello scisto che li rende il principale produttore mondiale di petrolio e gas.

Il rapporto McKinsey conferma la tendenza dei capitali (che avevamo osservato sulle cripto-valute) ad abbandonare piccoli fondi e piccoli gestori a favore dei fondi più forti.

Nel corso del 2023, si è osservato un costante declino nella raccolta di fondi dai mercati privati e nell'attività delle operazioni, con un'impressione di generale stagnazione, sebbene vi siano state alcune eccezioni degne di nota tra le strategie e le regioni.

Se il 2022 ha visto una sorta di spaccatura, con un vivace inizio caratterizzato da una solida raccolta di fondi e da un'intensa attività di scambio nei primi sei mesi seguita da un calo nella seconda metà dell'anno, il 2023 potrebbe essere descritto come un periodo più uniforme.

Le avverse condizioni macroeconomiche hanno persistito per l'intero anno, con un aumento dei costi di finanziamento e incerte prospettive di crescita che hanno influenzato negativamente i mercati privati.

La raccolta di fondi per l'intero anno ha continuato a diminuire rispetto al picco del 2021, il che è stato in parte attribuito al persistente effetto denominatore dovuto a un mercato delle operazioni meno attivo. I gestori hanno principalmente optato per il mantenimento degli asset per evitare di vendere in un contesto di valutazioni inferiori, alimentando un ciclo di ridotta attività in cui gli investitori desiderosi di distribuzioni hanno rallentato i nuovi investimenti.

Per il secondo anno consecutivo, la performance della maggior parte delle asset class private è rimasta al di sotto delle medie storiche. I fattori facilitanti (bassi tassi d'interesse e costante crescita nelle valutazioni degli asset sottostanti) sembrano essere un ricordo del passato. Nell'ambito degli investimenti privati, i gestori stanno cercando di migliorare la performance in questa nuova era, rendendo più importante che mai un maggiore focus sulla crescita dei ricavi e sulla crescita dei margini.

Nuova Raccolta

L'andamento globale della raccolta fondi ha mostrato una diminuzione del 22% nelle asset class dei mercati privati a livello mondiale, raggiungendo poco più di 1 trilione di dollari alla fine dell'anno, segnando il livello più basso dal 2017. La raccolta fondi in Nord America, che si era distinta nel 2022, ha seguito il trend globale, mentre in Europa si è dimostrata più resistente, con una riduzione del solo 3%. In Asia, la raccolta fondi ha subito un brusco calo, attestandosi ora al 72% al di sotto del picco del 2018.

Nonostante le sfide nella raccolta fondi, non tutte le strategie o i gestori hanno subito gli stessi impatti. Le strategie di buyout di private equity (PE) hanno segnato il miglior anno di raccolta fondi di sempre, e anche i gestori e i veicoli più grandi hanno ottenuto risultati positivi, confermando la tendenza dell'anno precedente verso una maggiore concentrazione della raccolta fondi.

La persistenza dell'effetto numeratore

Nonostante il notevole recupero del denominatore - ad esempio, i 1.000 maggiori fondi pensione statunitensi sono cresciuti del 7% nell'anno terminato a settembre 2023, dopo essere scesi del 14% l'anno precedente - molti LP (Limited Partners, ossia investitori istituzionali come fondi pensione, fondi sovrani o istituzioni finanziarie) anno investito una quantità maggiore di risorse nei mercati privati rispetto a quanto pianificato. All'inizio del 2023, secondo l'analisi di CEM Benchmarking, le allocazioni medie tra Private Equity (PE), infrastrutture e immobili erano pari o superiori alle allocazioni target. Inoltre, nel corso dell'anno, il numeratore è aumentato a causa della mancanza di uscite e del rimbalzo delle valutazioni, che hanno spinto al rialzo i valori patrimoniali netti (NAV).

Sebbene non tutti i LP seguano rigidamente gli obiettivi di asset allocation, la nostra analisi in collaborazione con StepStone Group suggerisce che una sovraallocazione di solo un punto percentuale può ridurre gli impegni pianificati fino al 10-12% all'anno per cinque anni o più.

Nonostante queste sfide, recenti sondaggi indicano che i LP rimangono ampiamente impegnati nei mercati privati. Infatti, la maggioranza prevede di mantenere o aumentare le allocazioni nel medio-lungo periodo.

Gli investitori hanno preferito nomi familiari e gestori di fondi più grandi

L'accentramento della raccolta fondi ha raggiunto il suo massimo livello degli ultimi dieci anni, con gli investitori che hanno continuato a destinare nuovi fondi ai principali gestori. I 25 maggiori fundraiser hanno raccolto il 41% degli impegni totali in fondi chiusi (con i primi cinque gestori che hanno raccolto quasi la metà del totale). È importante notare che i dati sulla raccolta fondi chiusi potrebbero non riflettere appieno la concentrazione complessiva del settore, poiché i grandi gestori tendono ad avere più successo anche nella raccolta di capitali non istituzionali.

Sebbene i fondi più grandi abbiano registrato ulteriori aumenti (nel 2023 si è registrato il maggior volume di fondi mai raccolto nei settori del buyout, immobiliare, infrastrutture e debito privato), i fondi più piccoli e nuovi hanno avuto difficoltà. Nel corso dell'anno sono stati chiusi meno di 1.700 fondi con meno di 1 miliardo di dollari, la metà di quelli chiusi nel 2022 e il minor numero di qualsiasi anno dal 2012. Anche il numero di nuovi manager è sceso al livello più basso dal 2012, con solamente 651 nuove imprese lanciate nel 2023.

Resta incerto se l'accentramento recente della raccolta fondi e l'attività di fusione e acquisizione segnalino l'inizio di un consolidamento nei mercati privati, di cui si parla spesso, poiché un modello simile si è verificato in ciascuna delle ultime due flessioni della raccolta fondi prima di lasciare spazio a una nuova imprenditorialità tra i general partner (GP, ossia le persone fisiche o le società responsabili della gestione di un fondo di investimento, come ad esempio un fondo di private equity o di venture capital) e a una maggiore diversificazione degli impegni tra i LP.

Rispetto alle esperienze delle ultime due flessioni, non sappiamo se stavolta le cose siano realmente diverse, oppure se stiamo assistendo a una triplice fase che ripropone una tendenza ricorrente negli andamenti globali degli investimenti.

La massa dei capitali non impiegati è in aumento (di nuovo)

Al 30 giugno 2023, l'ammontare degli asset gestiti nei mercati privati ha raggiunto i 13,1 trilioni di dollari, registrando un incremento di quasi il 20% annuo dal 2018.

Le riserve di dry powder[lxxii], ossia il capitale disponibile ma non ancora investito, hanno raggiunto i 3,7 trilioni di dollari, segnando il nono anno consecutivo di crescita. Per il secondo anno consecutivo, l'ammontare di capitale disponibile per investimenti generici, espresso come multiplo dell'impiego annuale, è aumentato nel settore del Private Equity, poiché i nuovi impegni hanno continuato a superare le attività di transazione.

Le scorte si sono attestate a 1,6 anni nel 2023, registrando un notevole incremento rispetto ai 0,9 anni registrati alla fine del 2021, pur restando all'interno dell'intervallo storico.

Anche il NAV[lxxiii] è aumentato, in gran parte a causa della riluttanza dei gestori a uscire dalle posizioni e a cristallizzare i rendimenti in un contesto di multipli[lxxiv] bassi.

Le strategie di private equity hanno preso direzioni divergenti.

Nel corso degli ultimi 18 mesi, il buyout e il venture capital, le due principali sotto-classi di private equity[lxxv], hanno seguito percorsi molto differenti. Nel 2023, il buyout ha segnato il suo record di raccolta fondi più alto di sempre e la sua performance è migliorata, con i fondi che hanno registrato un tasso di rendimento interno netto (ancora modesto) del 5% fino al 30 settembre.

Nonostante una diminuzione del 19% nei volumi delle operazioni di buyout, il 2023 è stato comunque il terzo anno più attivo mai registrato. D'altra parte, la raccolta di fondi per il venture capital (VC) è diminuita di quasi il 60%, eguagliando il totale più basso dal 2015, mentre il volume delle transazioni è sceso del 36%, raggiungendo il livello più basso dal 2019.

I fondi VC hanno registrato un rendimento del -3% fino a settembre e ora hanno segnato rendimenti negativi per sette trimestri consecutivi. Dal 2010 al 2022, il VC è stata la strategia di private equity in più rapida crescita e con la performance più elevata, ma sembra che gli investitori stiano rivalutando il loro approccio nel contesto attuale.

I multipli di ingresso nel settore del private equity[lxxvi]

I multipli di ingresso per i buyout nel private equity sono diminuiti di circa un punto, scendendo da 11,9 a 11,0 volte l'EBITDA, superando leggermente il calo dei multipli del mercato pubblico (che sono scesi da 12,1 a 11,3 volte l'EBITDA) nei primi nove mesi del 2023.

Per quasi un decennio fino al 2022, i gestori hanno costantemente venduto asset in un contesto di multipli più elevati rispetto a quelli in cui li avevano acquistati, fornendo un sostanziale contributo alla performance del settore. Questo è stato particolarmente evidente nel settore tecnologico.

Dopo aver registrato un'espansione dei multipli di oltre otto punti dal 2009 al 2021 (il maggior incremento in qualsiasi altro settore), i multipli nel settore tecnologico sono diminuiti di quasi tre punti negli ultimi due anni, il 50% in più rispetto a qualsiasi altro settore. Complessivamente, circa due terzi del rendimento totale per le operazioni di buyout concluse nel 2010 o successivamente e chiuse nel 2021 o prima possono essere attribuiti all'espansione dei multipli di mercato e all'uso della leva finanziaria. Ora, con il calo dei multipli e l'aumento dei costi di finanziamento, la crescita dei ricavi e l'espansione dei margini sono al centro dell'attenzione dei GP.

Il mercato immobiliare ha mostrato una flessione

L'instabilità nella richiesta, il rallentamento della crescita delle locazioni e i costi di finanziamento elevati hanno portato ad un aumento dei tassi di capitalizzazione, rendendo complicata la valutazione dei prezzi. Questo ha influito negativamente sul volume delle transazioni, sulla raccolta di fondi e sul rendimento degli investimenti. La raccolta globale dei fondi chiusi ha registrato un calo del 34% su base annua e i rendimenti dei fondi hanno segnato un -4% nei primi nove mesi dell'anno, registrando perdite per la prima volta dalla crisi finanziaria globale del 2007-08.

I capitali si sono spostati lontano dalle strategie core e core-plus poiché gli investitori hanno cercato liquidità attraverso rimborsi in fondi aperti, con deflussi netti che hanno raggiunto il livello più alto in almeno due decenni. Le strategie opportunistiche hanno tratto beneficio da questo cambiamento, poiché gli investitori si sono concentrati sull'apprezzamento del capitale piuttosto che sulla generazione di reddito, considerando le alternative di rendimento più allettanti. L'aumento dei tassi di interesse ha ampliato gli spread tra denaro e lettera[lxxvii], riducendo il volume delle transazioni in settori precedentemente in crescita, come ad esempio l'immobiliare multifamiliare e industriale.

Il debito privato continua a generare dividendi

Ancora una volta, il debito privato si è dimostrato essere l'asset class più robusto in un ambiente di mercato tumultuoso.

Nonostante una diminuzione della raccolta fondi del 13%, principalmente dovuta a minori impegni nelle strategie di prestito diretto, la classe di attività ha mantenuto rendimenti superiori rispetto alle altre asset class private fino al 30 settembre.

Questo è in gran parte attribuibile al fatto che molti titoli di debito privato sono legati a tassi variabili, i quali possono migliorare i rendimenti in un contesto di tassi d'interesse in aumento.

I gestori sembrano aver gestito con successo l'incremento delle insolvenze e delle difficoltà nel mercato più ampio dei prestiti a leva. Anche se il volume delle operazioni di prestito diretto è diminuito rispetto al 2022, gli istituti di credito privati hanno finanziato il 59% delle transazioni di leveraged buyout[lxxviii] lo scorso anno e ora stanno ampliando le loro strategie per guidare la prossima era di crescita, in quanto debito privato rimane un'opzione attraente per gli investitori in un contesto di incertezza, grazie alla sua resilienza, ai rendimenti competitivi e alla capacità dei gestori di adattarsi alle mutevoli condizioni di mercato.

Gli investimenti nelle infrastrutture hanno subito una inversione di marcia

Dopo diversi anni di crescita robusta e performance solide, la raccolta di fondi per infrastrutture e per lo sfruttamento delle risorse naturali ha subito una diminuzione del 53%, eguagliando il livello più basso registrato dal 2013.

La tempistica dal lato dell'offerta è parzialmente responsabile di questo cambiamento: cinque dei sette principali gestori di fondi per infrastrutture[lxxix] hanno varato con successo un veicolo di investimento nel 2021 o nel 2022, e nessuno di questi cinque ha completato la raccolta finale l'anno scorso.

Allo stesso modo del settore immobiliare, gli investitori hanno evitato le strategie core e core-plus in un contesto di rendimenti più elevati. Tuttavia, esistono motivi per confidare in una ripresa degli investimenti infrastrutturali. Almeno una dozzina di veicoli di investimento con obiettivi superiori ai 10 miliardi di dollari erano attivamente impegnati nella raccolta fondi alla fine del 2023. Inoltre, le numerose recenti acquisizioni da parte di gestori globali di multiasset class di importanti infrastrutture indicano una forte convinzione di mercato nel potenziale di questa asset class.

L'entusiasmo per l'intelligenza artificiale è in crescita

Il potenziale trasformativo dell'IA generativa è stato uno degli argomenti più discussi nel 2023. Gli operatori dei mercati privati sono entusiasti delle possibilità offerte dalla tecnologia per ottimizzare diversi aspetti del loro lavoro, come la generazione di tesi, l'identificazione di opportunità di investimento, la due diligence e la gestione del portafoglio. Anche se l'IA è ancora in fase embrionale e poche aziende possono vantare implementazioni su vasta scala, sono già in corso programmi pilota in diversi settori, soprattutto all'interno delle società di investimento. Si prevede che l'adozione accelererà ulteriormente nel corso del 2024.

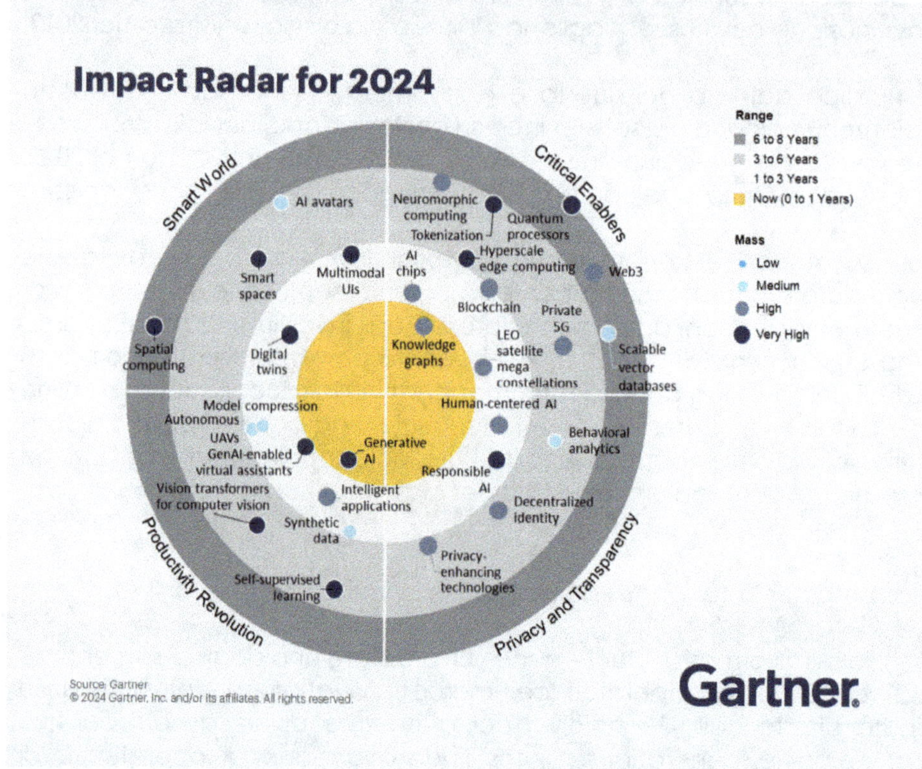

Questi sono gli ambiti tecnologici più interessanti, secondo Gartner, per il 2024, quelli su cui si concentreranno gli investimenti e gli sviluppi in termini sia di ricerca che in termini di applicazione pratica.

Il cambiamento climatico

L'impatto futuro dei cambiamenti climatici dipende dall'entità del riscaldamento che si materializza. L'esperienza in corso indica che le temperature globali continuano ad aumentare. Il 2023 è stato l'anno più caldo di sempre, con un ampio margine, con l'El Niño che ha avuto anche un impatto. L'anno ha confermato quattro osservazioni che indicano che i cambiamenti climatici sono destinati a continuare e che l'impatto fisico sarà diffuso e diventerà più intenso

1   Superamento degli obiettivi: l'obiettivo principale dell'Accordo di Parigi è quello di mantenere l'aumento della temperatura media globale di questo secolo ben al di sotto dei 2°C sopra i livelli preindustriali (1850-1900), con l'aumento idealmente limitato a 1,5°C.

Già oggi, raggiungere tale obiettivo sembra improbabile.

Il mondo è già più caldo di circa 1,2°C rispetto ai livelli preindustriali e la temperatura media globale giornaliera ha superato la soglia di 1,5°C più di 400 volte dal 2015. Nel 2023, la temperatura media globale giornaliera era al di sopra di questa soglia in quasi la metà di tutti i giorni. Sebbene l'obiettivo di Parigi sia un limite a lungo termine (oltre 20-30 anni) e una singola violazione non sia necessariamente significativa, la frequenza delle violazioni indica il rapido avanzamento verso il limite a lungo termine. L'IPCC si aspetta già che la temperatura media globale raggiunga o superi l'obiettivo dell'Accordo di Parigi di 1,5°C nei prossimi 20 anni.

2.   Insufficienza nella riduzione: Aderire all'obiettivo dell'Accordo di Parigi richiede una diminuzione delle emissioni di gas serra (GHG), ma la realtà è che queste continuano ad aumentare. Le emissioni di GHG, in particolare di biossido di carbonio, metano, ossido nitroso e gas F, sono il principale motore dell'aumento delle temperature. Per raggiungere l'obiettivo dell'Accordo di Parigi, le emissioni di GHG dovrebbero raggiungere il picco entro il 2025 e diminuire del 43% entro il 2030 rispetto ai livelli del 2019. Tuttavia, le misure già implementate per ridurre le emissioni non sono sufficienti a conseguire tale riduzione. Date le politiche esistenti nei diversi paesi, si stima che le emissioni continueranno ad aumentare fino al 2030, mettendo il mondo su una traiettoria di riscaldamento di 2,7°C entro il 2100.

3.   Eventi climatici estremi in intensificazione: Esistono sempre più evidenze scientifiche che i cambiamenti osservati negli eventi meteorologici e climatici storici possano essere attribuiti alle emissioni di gas serra, principalmente causate dall'uomo. In particolare, le evidenze indicano un rafforzamento del legame tra un clima in evoluzione e le precipitazioni estreme, le siccità, i cicloni tropicali e gli eventi climatici composti (tra cui eventi secchi/caldi come ondate di calore o incendi). Cambiamenti rapidi

e diffusi nelle condizioni atmosferiche e oceaniche, nonché nella criosfera (aree di acqua congelata, come ghiacciai o calotte glaciali) e nella biosfera (dove esiste la vita), sono già avvenuti. In alcuni casi, i cambiamenti sono irreversibili.

4.   Effetti diffusi: Gli impatti dell'aumento delle temperature si stanno facendo sentire in tutto il mondo, con circa 3,3-3,6 miliardi di persone che vivono in aree altamente vulnerabili ai cambiamenti climatici. Le temperature stanno aumentando in ogni continente. In alcune regioni, ciò si è verificato insieme a fenomeni meteorologici estremi e piogge più frequenti, mentre in altre regioni si verificano ondate di calore e siccità più intense.

Ciò aumenta i rischi per il sistema energetico globale, che è stato progettato per un mondo più fresco con meno estremi meteorologici. Le calotte glaciali polari si stanno sciogliendo e il livello del mare sta salendo. Tutto ciò influisce sulla sicurezza alimentare e idrica, costituendo alla fine una minaccia esistenziale per l'umanità.

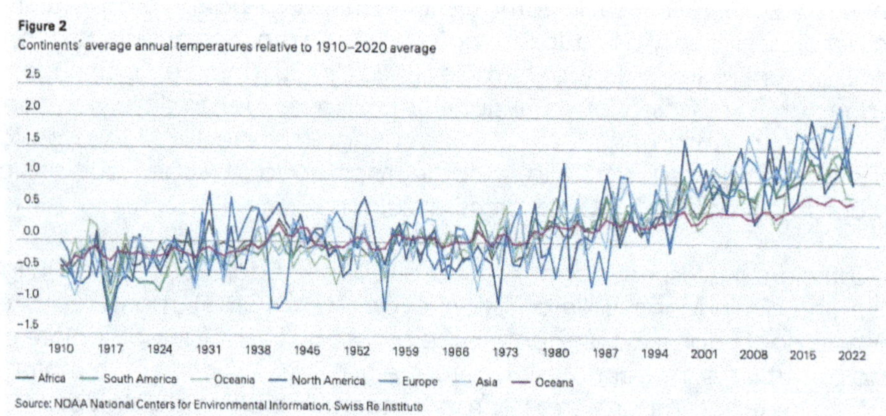

Questo comporta anche dei rischi economici.

La crescita economica, l'urbanizzazione e l'accumulo dei valori patrimoniali sono i principali fattori che contribuiscono all'aumento delle perdite economiche e finanziarie derivanti da catastrofi naturali.

Nel lungo termine, è plausibile che gli effetti dei cambiamenti climatici si sommino ed amplifichino le perdite legate agli eventi meteorologici.

I paesi che già oggi subiscono ingenti perdite economiche, in particolare per alluvioni, cicloni tropicali, tempeste invernali e tempeste convettive gravi, e dove, secondo l'IPCC[lxxx], è prevista un'intensificazione dei rischi, sembrano essere più esposti a perdite in aumento in futuro man mano che gli eventi meteorologici diventano più gravi. Questo è il caso delle Filippine, dove le perdite economiche annuali in rapporto al PIL derivanti dagli eventi meteorologici oggi mostrano di essere molto più elevate rispetto a tutti gli altri paesi campione e dove c'è un'elevata probabilità di intensificazione dei rischi.

Gli Stati Uniti, nel frattempo, si presentano come il secondo più esposto, presentando una combinazione, in termini assoluti, delle perdite economiche più elevate al mondo derivanti dagli eventi meteorologici e una probabilità media di intensificazione dei rischi.

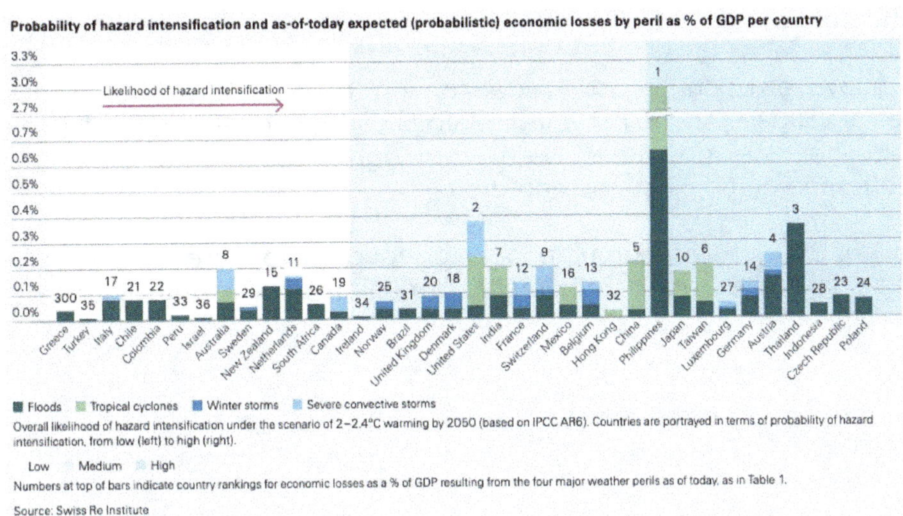

Probability of hazard intensification and as-of-today expected (probabilistic) economic losses by peril as % of GDP per country

Overall likelihood of hazard intensification under the scenario of 2–2.4°C warming by 2050 (based on IPCC AR6). Countries are portrayed in terms of probability of hazard intensification, from low (left) to high (right).

Numbers at top of bars indicate country rankings for economic losses as a % of GDP resulting from the four major weather perils as of today, as in Table 1.

Source: Swiss Re Institute

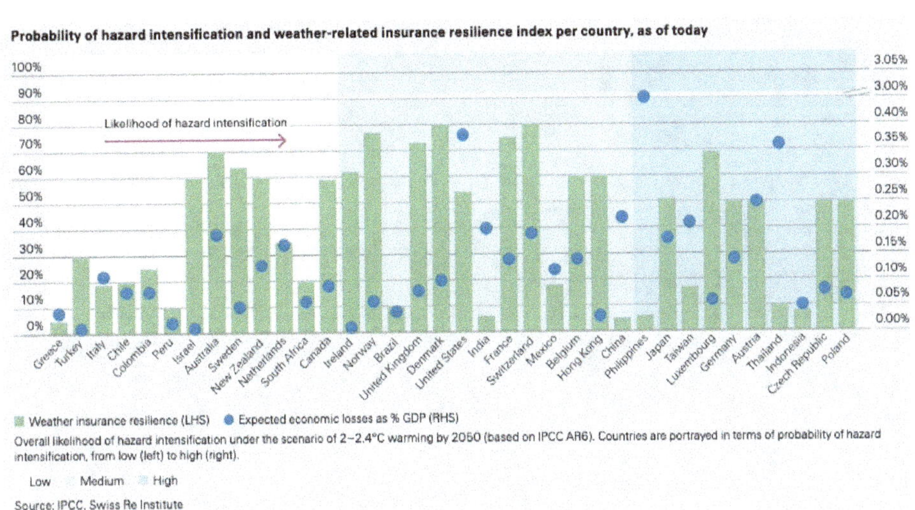

Probability of hazard intensification and weather-related insurance resilience index per country, as of today

Overall likelihood of hazard intensification under the scenario of 2–2.4°C warming by 2050 (based on IPCC AR6). Countries are portrayed in terms of probability of hazard intensification, from low (left) to high (right).

Source: IPCC, Swiss Re Institute

Il capitale del settore privato è una parte fondamentale della soluzione finanziaria per l'investimento stimato di 270 trilioni di dollari necessario per raggiungere gli obiettivi di neutralità climatica entro il 2050.

Attualmente, solo una minima quantità di capitale impiegato nel green proviene dal settore privato.

Nel 2022, le dimensioni complessive dei mercati obbligazionari globali (quotati) hanno superato i 120 trilioni di dollari.

Il mercato complessivo del debito sostenibile ha raggiunto i 5,6 trilioni di dollari nel terzo trimestre del 2023, ma costituisce ancora meno del 5% del mercato totale.

Delle nuove emissioni globali di debito, solo circa il 5% è attualmente etichettato ESG[lxxxi]. Anche il finanziamento privato, compresi gli investimenti a lungo termine da parte delle compagnie assicurative, destinato all'adattamento può essere aumentato.

Meno del 2% del finanziamento per l'adeguamento delle strutture alle esigenze del contrasto al cambiamento climatico proviene attualmente da fonti private.

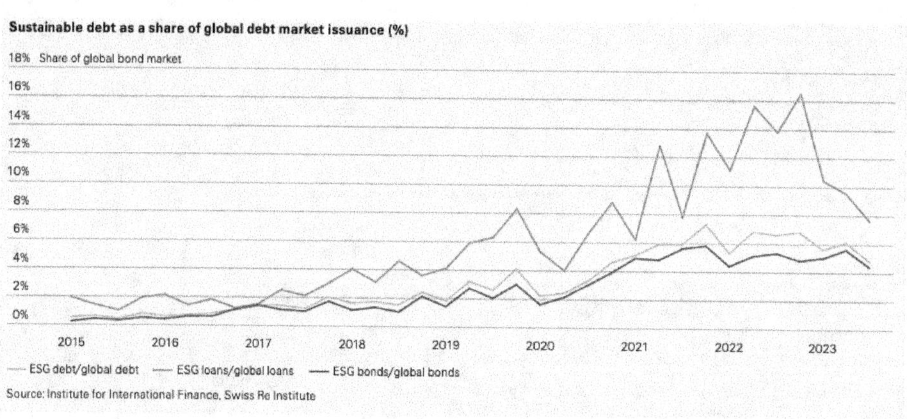

Cap. 5 - Come sta reagendo l'Europa?

In modo autoritario e verticistico.

In tempi di crisi le persone fanno cose rischiose
(Y. N. Harari)

Iniziamo con qualche considerazione a caldo sulle proposte di modifica del Trattato costituente l'Unione Europea [lxxxii]

Una doverosa premessa

La Convenzione di Montevideo, che spesso cito, è il trattato sul quale si fonda la definizione di Stato.
L'articolo n° 1 è il più conosciuto, ed è quello che fissa le quattro caratteristiche fondamentali per lo Stato, rilevanti ai fini dell'assunzione di personalità giuridica internazionale, ovvero la contestuale presenza di:
* Una popolazione permanente
* Un territorio definito
* Un potere di governo esclusivo
* La capacità di intrattenere rapporti con altri stati

Da qui le riflessioni che seguono sulle proposte del Parlamento europeo per quanto riguarda la modifica dei trattati (2022/2051(INL)), avanzati dalla Commissione per gli affari costituzionali, Relatori: Guy Verhofstadt, Sven Simon, Gabriele Bischoff, Daniel Freund, Helmut Scholz.

Prima riflessione

punto 20: "ribadisce la sua richiesta affinché le decisioni sulle sanzioni e le fasi intermedie del processo di allargamento, nonché le altre decisioni di politica estera siano adottate a maggioranza qualificata;

L'Europa non ha una Costituzione. Nasce da un trattato tra Stati sovrani dotati – loro sì – di una Costituzione.

La Costituzione definisce i diritti e i doveri del cittadino e soprattutto i diritti e i doveri reciproci dello Stato e del Cittadino l'uno nei confronti dell'altro. È il patto fondante dell'autorità dello Stato, con il quale sono stabilite le regole ch'esso deve rispettare per continuare ad esser detentore del potere che, nelle democrazie, è nel Popolo e del Popolo. Insisteremo molto su questo concetto.

Nelle Repubbliche, la Costituzione è redatta in modo che il principio della decisione presa a maggioranza sia rappresentativo della volontà del Popolo, che la prende e attua attraverso i propri delegati, insieme a delle misure a tutela delle minoranze che non avrebbero sufficiente massa critica da influenzare il processo decisionale. E tutto questo fa della Costituzione quella Carta che per sua semplice essenza definisce che il potere dello Stato/apparato non può essere illimitato.

Uno Stato, detentore, emanazione e tutela della volontà popolare, può collaborare con altri Stati alla pari, anche se questa collaborazione ha un impatto sulla vita del cittadino, a condizione che conservi il potere di interrompere o vietare la propria adesione alla collaborazione o ad una delle sue forme, e/o l'emanazione di leggi e norme che vadano contro gli interessi del Popolo che lo Stato rappresenta per delega.

Questo si ha quando all'interno di una collaborazione tra Stati le decisioni vengono prese all'unanimità.

Ma se lo Stato si priva del diritto di veto, quindi del diritto di valere quanto un altro Stato, e lascia che l'organizzazione a cui aderisce emani leggi e decreti e indirizzi di politica estera sulla base di una propria maggioranza, esso abdica al suo potere di rifiutare di conformarsi alle leggi così imposte, violando il principio di sovranità nazionale e quindi di sovranità del proprio Popolo sul proprio territorio, sacralizzato dalla Costituzione.

Quando il principio di maggioranza viene applicato alle decisioni di politica estera, soprattutto, lo Stato abdica alla sua qualità di aequalis inter pares, di fatto cessando di essere sovrano.

I singoli Stati USA sono Stati che non hanno potere di avere relazioni con l'estero indipendenti. quindi mentre l'Arizona è uno Stato, gli USA sono una Nazione. Ma tale facoltà è concessa dal Popolo ("We, the People...") allo Stato Federale tramite una Costituzione, non tramite un trattato tra Stati.

Seconda riflessione

10. propone di rafforzare il ruolo delle parti sociali nella preparazione di qualsiasi iniziativa nell'ambito della politica sociale, occupazionale ed economica;

11. propone di introdurre un referendum europeo su questioni attinenti alle azioni e alle politiche dell'Unione; chiede di rafforzare gli strumenti di partecipazione dei cittadini al processo decisionale dell'UE nel quadro della democrazia rappresentativa;

Abbiamo detto che il potere viene esercitato dal Popolo all'interno di una Costituzione, e che lo Stato applica tale potere al Popolo e alle relazioni con gli altri Stati sempre all'interno della Costituzione.

Il peso delle cosiddette e non identificate "parti sociali" nella preparazione di qualsiasi iniziativa economica ecc., non può esser preso a surrogato della volontà popolare (le parti sociali non sono lo Stato, né sono definite da tutto il Popolo sue rappresentanti). Quindi tale previsione, che sembra istituire un potere consultivo vincolante, è in realtà priva di fondamento nel diritto costituzionale e naturale.

Il tentativo di mitigare tale (im)posizione attraverso il punto 11, prevedendo l'introduzione di referenda (non si capisce se abrogativi, consultivi o come, peraltro), è indice della volontà di surroga allo Stato nazionale.

Terza riflessione: Competenze

12. propone di istituire una competenza esclusiva dell'Unione per l'ambiente e la biodiversità e per i negoziati sui cambiamenti climatici;

13. propone di prevedere competenze concorrenti in materia di sanità pubblica e tutela e miglioramento della salute umana, soprattutto in caso di minacce sanitarie transfrontaliere, protezione civile, industria e istruzione, in particolare quando si tratta di questioni transnazionali quali il riconoscimento reciproco di titoli di studio, voti, competenze e qualifiche;

14. propone di rafforzare ulteriormente le competenze concorrenti dell'Unione nei settori dell'energia, degli affari esteri, della sicurezza esterna e della difesa, della politica in materia di frontiere esterne nello spazio di libertà, sicurezza e giustizia e delle infrastrutture transfrontaliere;
Ecco quindi che nel punto 12, un Ente non dotato di Costituzione si surroga totalmente allo Stato. Va bene che il Clima non è di questo o quello Stato o di questo o quel popolo, ma questo non giustifica di per sé tale appropriazione.

Invece, nei punti 13 e 14, che riguardano il primo la tutela della Popolazione che dello Stato è fondamenta e ragione ultima, e il secondo, appunto, gli affari esteri e difesa, ossia la capacità di trattare con altri Stati e di difendere la popolazione da minacce provenienti da questi ultimi (o di costituirsi a minaccia per questi ultimi decidendo di muover guerra), lo Stato e la UE si pongono in modo concorrente.

Ossia "L'Unione e i suoi Stati membri possono legiferare e adottare atti giuridicamente vincolanti. Gli Stati membri esercitano la propria competenza laddove l'Unione non la esercita o abbia deciso di non esercitarla."[lxxxiii]

Quindi lo Stato soggiace alle decisioni di un Ente privo di Costituzione in temi di diretta competenza in nuce dello Stato sovrano.

Quarta riflessione: la vita del cittadino

20. chiede l'istituzione di un'Unione della difesa che comprenda unità militari europee di stanza permanente e una capacità di dispiegamento rapido permanente, sotto il comando operativo dell'Unione; propone che l'acquisizione congiunta e lo sviluppo di armamenti siano finanziati dall'Unione tramite una dotazione di bilancio dedicata nell'ambito della co-decisione e del controllo a livello parlamentare e propone che le competenze dell'Agenzia europea per la difesa siano adeguate di conseguenza; rileva che le clausole relative alle tradizioni nazionali di neutralità e all'appartenenza alla NATO non saranno interessate da tali modifiche;

15. propone di rafforzare il controllo della sussidiarietà da parte della Corte di giustizia europea;

33. propone che ad Europol siano attribuite ulteriori competenze soggette a controllo parlamentare;

36. suggerisce che l'Unione stabilisca indicatori comuni per i sistemi sanitari; propone che l'Unione adotti misure per la notifica, il monitoraggio e il controllo tempestivi di gravi minacce transfrontaliere per la salute, in particolare in caso di pandemie, senza impedire agli Stati membri di mantenere o adottare misure di protezione rafforzate, laddove queste siano indispensabili;

37. invita l'Unione ad adottare misure per monitorare e coordinare l'accesso a diagnosi, informazioni e cure comuni riguardo alle malattie trasmissibili e non trasmissibili, comprese le malattie rare.

Queste clausole toccano alcuni valori irrinunciabili dell'Uomo: la capacità di disporre della propria vita, della propria salute e della propria libertà.

In ambito sociale, tali diritti si traducono nella autodeterminazione dell'individuo limitata solo dagli interessi eventualmente concorrenti di un altro individuo.

Quando gli individui sono tanti, danno una struttura a tali regole, che sia opponibile al di sopra della volontà di un singolo individuo, perseguendo il massimo di libertà possibile con un livello di tutela dagli effetti di tale libertà che la renda accettabile.

In genere si fa con una Costituzione, sulla base della quale lo Stato legifera e pone limiti e condizioni. Per il bene comune, lo Stato può imprigionare un individuo giudicato criminale, oppure può mandare a morire ammazzati individui per la difesa della massa dei cittadini e della loro vita. Ma sono i cittadini, ossia la somma di tutti gli individui di quello Stato, che decidono quanta delega dare allo Stato per prendere una determinata decisione che limiti l'aspettativa di vita o la libertà di un individuo.

Come può un Ente, senza arrogarsi lo status di Stato, prendere tali decisioni?

Ora, spieghiamo l'incipit di questo capitolo.

Le premesse a tale proposta, che, secondo gli estensori, ne giustificano la necessità sono riassunte in una frase; "In considerazione della recente serie di crisi in corso"[lxxxiv]

Per crisi, evidentemente si indicano
- la crisi climatica
- la crisi migratoria
- la crisi energetica (a seguito delle sanzioni alla Russia)
- la guerra in Ucraina

(all'epoca dell'articolo citato non si contemplava la crisi del quadrante mediorientale.)

In tempi di crisi, quindi, le persone fanno cose rischiose, quali, ad esempio, affidare ad un ente sovranazionale acostituzionale la responsabilità di disporre della sovranità nazionale dei singoli aderenti.

Soffermiamoci un attimo sulla recente storia. Con il Covid. Oppure, se ricordate, quando si trattò di imporre le sanzioni alla Russia subito dopo l'avvio dell'Operazione Speciale. In quell'occasione, Ungheria e Romania, dipendenti totalmente dalle forniture russe, rifiutarono il loro assenso all'embargo UE generalizzato, e continuarono a commerciare con la Russia (anche se con qualche difficoltà). Questo rese meno impattante la decisione di alcuni degli Stati (Italia in testa) di attuare l'embargo, tanto che qualcuno dovette tagliare fisicamente i legami tra Europa e Russia, facendo esplodere il gasdotto Nord Stream II.

Più di 30 anni fa scrissi, in uno studio di filosofia del diritto sulle Autonomie Locali, che forza di ogni organizzazione è il mantenimento dell'individualità del singolo appartenente, affinché per ogni stimolo proveniente dall'esterno, ci possa essere almeno un individuo che possa rispondervi per tutta l'Organizzazione. Oppure un individuo dal quale possa partire l'azione di feedback, ossia l'adattamento dell'organizzazione ai mutati stimoli esterni.

La possibilità di decidere in modo vincolante a maggioranza su come rispondere a stimoli esterni rende rigida l'organizzazione, al posto di renderla solida, impedendole una reazione omeostatica.

Questo andrebbe anche bene, se effettivamente chi prende quella decisione incarnasse in modo controllato e controllabile la sovranità popolare. Ma in caso contrario, le decisioni verrebbero prese al posto della sovranità popolare, in un contesto di limitata democrazia.

Ma, come dicevamo, mala tempora currunt, e la democrazia potrebbe non essere più considerata un bene irrinunciabile, se prioritaria dovesse diventare la difesa (armata) della vita del numero maggiore di persone in Europa.

E a chi dice che questa fu la scusa usata anche dalle tirannie del XX secolo per assurgere al potere, facciamo spallucce e diciamo *dies ist ein weiterer Kampf*.

Altro esempio di quel che diciamo è la decisione di varare un sistema di regole sovranazionali per il controllo delle materie prime critiche per lo sviluppo, attraverso il "Critical Raw Material Act".

Le materie prime critiche rivestono un'elevata importanza economica per l'Europa, ma sono anche altamente vulnerabili alle interruzioni dell'approvvigionamento. Le materie prime critiche si confrontano con una crescente domanda globale, trainata dalla decarbonizzazione delle economie. Ad esempio, la domanda dell'UE di metalli delle terre rare dovrebbe aumentare di sei volte entro il 2030 e di sette volte entro il 2050, per quanto riguarda il litio, la domanda dell'UE dovrebbe aumentare di dodici volte entro il 2030 e di ventuno volte entro il 2050. Oggi l'Europa dipende in larga misura dalle importazioni, spesso da un unico paese terzo, e le recenti crisi hanno messo in evidenza le dipendenze strategiche dell'UE. Senza un'azione congiunta e tempestiva, un mercato unico ben funzionante, la resilienza e la competitività, le industrie e gli sforzi dell'UE per raggiungere i suoi obiettivi climatici e digitali sono a rischio.

La proposta della Commissione per una legge sulle materie prime critiche è una risposta globale a queste sfide. Basandosi sulla forza del mercato unico, l'atto dovrà garantire che l'UE possa fare affidamento su catene di approvvigionamento solide, resilienti e sostenibili per le materie prime critiche. La proposta di regolamento andra' a rivedere tutte le fasi della catena del valore europea delle materie prime critiche, diversificando le importazioni dell'UE per ridurre le dipendenze strategiche, con l'obiettivo di migliorare la capacità dell'UE di monitorare e attenuare i rischi di interruzioni dell'approvvigionamento di materie prime critiche e migliorerà la circolarità e la sostenibilità.

In linea con il piano industriale del Green Deal e con la filosofia di accentramento delle decisioni politiche, la legge sulle materie prime critiche verrà presentata insieme alla proposta della Commissione per una legge sull'industria a zero emissioni nette, che mira a potenziare la produzione di tecnologie chiave a zero emissioni di carbonio per le catene di approvvigionamento di energia pulita.

Obiettivi:

1. Definizione delle priorità d'azione

Oltre a un elenco aggiornato di materie prime critiche per l'intera economia dell'UE, elenca le materie prime strategiche, che sono quelle più cruciali per le tecnologie strategiche utilizzate per le applicazioni verdi, digitali, di difesa e spaziali.

Fissare parametri di riferimento entro il 2030 per le capacità nazionali

La legge stabilisce tali parametri di riferimento lungo la catena del valore delle materie prime strategiche e per la diversificazione dell'approvvigionamento dell'UE

- almeno il 10% del consumo annuo dell'UE per l'estrazione
- almeno il 40% del consumo annuo dell'UE per la trasformazione
- almeno il 15% del consumo annuo dell'UE per il riciclaggio
- non più del 65% del consumo annuo dell'UE proveniente da un singolo paese terzo.

2. Creare catene di approvvigionamento sicure e resilienti

La legge ridurrà l'onere amministrativo, semplificando le procedure di autorizzazione per i progetti di materie prime critiche nell'UE, garantendo al contempo un'elevata protezione sociale e ambientale. Inoltre, i progetti strategici selezionati beneficeranno di un sostegno per l'accesso ai finanziamenti e di tempi di autorizzazione più brevi (24 mesi per i permessi di estrazione e 12 mesi per i permessi di trattamento e riciclaggio). I paesi dell'UE dovranno inoltre sviluppare programmi nazionali per l'esplorazione delle risorse geologiche.

3. Preparazione e mitigazione dei rischi di approvvigionamento

Per garantire la resilienza della catena di approvvigionamento, la legge crea il monitoraggio della catena di approvvigionamento delle materie prime critiche e gli stress test, coordina le scorte strategiche e stabilisce l'obbligo di preparazione al rischio per le grandi aziende che producono tecnologie strategiche.

4. Migliorare la sostenibilità e la circolarità delle materie prime critiche sul mercato dell'UE

I paesi dell'UE adotteranno misure per migliorare la raccolta dei rifiuti critici ricchi di materie prime e garantirne il riciclaggio in materie prime critiche secondarie. I paesi dell'UE e gli operatori privati dovranno esaminare il potenziale di recupero di materie prime critiche dai rifiuti estrattivi. Per incentivare il riciclaggio su larga scala dei magneti permanenti, la legge stabilisce i requisiti in materia di riciclabilità e contenuto riciclato. La legge conferisce alla Commissione il potere di stabilire norme per l'impronta ambientale delle materie prime critiche, fatte salve varie garanzie. Ciò contribuirà ad aumentare la circolarità e la sostenibilità delle materie prime critiche immesse sul mercato dell'UE, consentendo ai clienti di effettuare scelte informate sui prodotti contenenti materie prime critiche.

5. Diversificare le importazioni di materie prime dell'Unione

Il commercio internazionale è fondamentale per sostenere la produzione mondiale e garantire la diversificazione dell'approvvigionamento.

Le azioni dell'UE comprendono:

- la creazione di un "club" di materie prime critiche per tutti i paesi interessati per rafforzare le catene di approvvigionamento globali
- l'impiego di accordi commerciali per garantire e diversificare il commercio di materie prime critiche
- l'ampliamento della rete di partenariati strategici dell'UE con un approccio basato sulla catena del valore e una forte dimensione di sostenibilità
- l'utilizzo del Global Gateway per le infrastrutture soft e hard per implementare progetti lungo la catena del valore delle materie prime e supportare la connettività
- la collaborazione con i paesi dell'UE per l'istituzione di uno strumento di credito all'esportazione dell'UE per ridurre il rischio di investimenti all'estero
- il contrasto delle pratiche commerciali sleali relative alle materie prime e il rinforzo delle misure che impongono l'applicazione delle norme

Per garantire il coordinamento generale, l'atto propone l'istituzione di un comitato europeo per le materie prime critiche, composto dai paesi dell'UE e dalla Commissione, incaricato di fornire consulenza e coordinare l'attuazione delle misure stabilite nell'atto e di discutere i partenariati strategici dell'UE con i paesi terzi.

L'azione sulla IA

Ursula von der Leyen, presidente della Commissione Europea, ha dichiarato: *"L'intelligenza artificiale sta già cambiando la nostra vita quotidiana. E questo è solo l'inizio. Se utilizzata in modo saggio e diffuso, l'IA promette enormi benefici alla nostra economia e alla nostra società. Accolgo pertanto con grande favore l'accordo politico raggiunto oggi dal Parlamento europeo e dal Consiglio sulla legge sull'intelligenza artificiale. La legge dell'UE sull'IA è il primo quadro giuridico completo in materia di intelligenza artificiale a livello mondiale. Quindi, questo è un momento storico. L'AI Act traspone i valori europei in una nuova era. Concentrando la regolamentazione sui rischi identificabili, l'accordo odierno promuoverà l'innovazione responsabile in Europa. Garantendo la sicurezza e i diritti fondamentali delle persone e delle imprese, sosterrà lo sviluppo, la diffusione e l'adozione di un'IA affidabile nell'UE. La nostra legge sull'IA darà un contributo sostanziale allo sviluppo di regole e principi globali per un'IA antropocentrica".*

"L'approccio europeo ad un'IA affidabile"

Le nuove norme saranno applicate direttamente allo stesso modo in tutti gli Stati membri, sulla base di una definizione di IA adeguata alle esigenze future.

Esse seguono un approccio basato sul rischio:

Rischio minimo: la stragrande maggioranza dei sistemi di IA rientra nella categoria del rischio minimo. Le applicazioni a rischio minimo, come i sistemi di raccomandazione abilitati all'intelligenza artificiale o i filtri antispam, beneficeranno di un lasciapassare e dell'assenza di obblighi, poiché questi sistemi presentano solo un rischio minimo o nullo per i diritti o la sicurezza dei cittadini. Su base volontaria, le imprese possono tuttavia impegnarsi a rispettare ulteriori codici di condotta per questi sistemi di IA.

Ad alto rischio: i sistemi di IA identificati come ad alto rischio dovranno rispettare requisiti rigorosi, tra cui sistemi di mitigazione del rischio, alta qualità dei set di dati, registrazione dell'attività, documentazione dettagliata, informazioni chiare per gli utenti, supervisione umana e un elevato livello di robustezza, accuratezza e sicurezza informatica. Gli spazi di sperimentazione normativa faciliteranno l'innovazione responsabile e lo sviluppo di sistemi di IA conformi.

Esempi di tali sistemi di IA ad alto rischio comprendono alcune infrastrutture critiche, ad esempio nei settori dell'acqua, del gas e dell'elettricità; dispositivi medici; sistemi per determinare l'accesso agli istituti di istruzione o per il reclutamento di personale; o determinati sistemi utilizzati nei settori dell'applicazione della legge, del controllo delle frontiere, dell'amministrazione della giustizia e dei processi democratici. Inoltre, anche i sistemi di identificazione biometrica, categorizzazione e riconoscimento delle emozioni sono considerati ad alto rischio.

Rischio inaccettabile: i sistemi di IA considerati una chiara minaccia ai diritti fondamentali delle persone saranno vietati. Ciò include i sistemi o le applicazioni di IA che manipolano il comportamento umano per aggirare il libero arbitrio degli utenti, come i giocattoli che utilizzano l'assistenza vocale che incoraggiano comportamenti pericolosi dei minori o i sistemi che consentono il "punteggio sociale"[lxxxv] da parte di governi o aziende e alcune applicazioni di polizia predittiva. Inoltre, saranno vietati alcuni usi di sistemi biometrici, ad esempio i sistemi di riconoscimento delle emozioni utilizzati sul luogo di lavoro e alcuni sistemi di categorizzazione delle persone o l'identificazione biometrica remota in tempo reale a fini di contrasto in spazi accessibili al pubblico (con limitate eccezioni).

Rischio specifico per la trasparenza: quando si utilizzano sistemi di intelligenza artificiale come i chatbot, gli utenti devono essere consapevoli di interagire con una macchina. I deep fake e altri contenuti generati dall'intelligenza artificiale dovranno essere etichettati come tali e gli utenti dovranno essere informati quando vengono utilizzati sistemi di categorizzazione biometrica o di riconoscimento delle emozioni. Inoltre, i fornitori dovranno progettare i sistemi in modo che i contenuti sintetici audio, video, testo e immagini siano contrassegnati in un formato leggibile dalla macchina e rilevabili come generati o manipolati artificialmente.

Multe

Le aziende che non rispettano le regole saranno multate. Le ammende andrebbero da 35 milioni di euro o al 7% del fatturato annuo globale (a seconda di quale sia il valore più alto) per le violazioni delle applicazioni di IA vietate, a 15 milioni di euro o al 3% per violazioni di altri obblighi e a 7,5 milioni di euro o all'1,5% per la fornitura di informazioni errate. Sono previsti massimali più proporzionati per le sanzioni amministrative pecuniarie per le PMI e le start-up in caso di violazioni della legge sull'IA.

IA per uso generico

La legge sull'IA introduce norme specifiche per i modelli di IA generici che garantiranno la trasparenza lungo la catena del valore. Per i modelli molto potenti che potrebbero comportare rischi sistemici, ci saranno ulteriori obblighi vincolanti relativi alla gestione dei rischi e al monitoraggio di incidenti gravi, all'esecuzione della valutazione del modello e ai test contraddittori. Questi nuovi obblighi saranno resi operativi attraverso codici di buone pratiche elaborati dall'industria, dalla comunità scientifica, dalla società civile e da altre parti interessate insieme alla Commissione.

In termini di governance, le autorità nazionali competenti di vigilanza del mercato supervisioneranno l'attuazione delle nuove norme a livello nazionale, mentre la creazione di un nuovo Ufficio europeo per l'IA all'interno della Commissione europea garantirà il coordinamento a livello europeo. Il nuovo Ufficio per l'IA supervisionerà inoltre l'attuazione e l'applicazione delle nuove norme sui modelli di IA per uso generale. Insieme alle autorità nazionali di vigilanza del mercato, l'Ufficio per l'IA sarà il primo organismo a livello globale ad applicare norme vincolanti sull'IA e dovrebbe quindi diventare un punto di riferimento internazionale. Per i modelli generici, un gruppo scientifico di esperti indipendenti svolgerà un ruolo centrale emettendo allarmi sui rischi sistemici e contribuendo alla classificazione e alla verifica dei modelli.

Prossime tappe

L'accordo politico è ora soggetto all'approvazione formale del Parlamento europeo e del Consiglio ed entrerà in vigore 20 giorni dopo la pubblicazione nella Gazzetta ufficiale. La legge sull'IA diventerebbe quindi applicabile due anni dopo la sua entrata in vigore, ad eccezione di alcune disposizioni specifiche: i divieti si applicheranno già dopo 6 mesi, mentre le norme sull'IA per uso generale si applicheranno dopo 12 mesi.

Per colmare il periodo transitorio prima che il regolamento diventi generalmente applicabile, la Commissione avvierà un patto per l'IA. Convocherà gli sviluppatori di IA provenienti dall'Europa e da tutto il mondo che si impegnano su base volontaria ad attuare gli obblighi chiave della legge sull'IA prima delle scadenze legali.

Per promuovere norme sull'IA affidabile a livello internazionale, l'Unione europea continuerà a lavorare in sedi quali il G7, l'OCSE, il Consiglio d'Europa, il G20 e le Nazioni Unite. Proprio di recente, abbiamo sostenuto l'accordo dei leader del G7 nell'ambito del processo di Hiroshima sull'IA sui principi guida internazionali e su un codice di condotta volontario per i sistemi avanzati di IA.

Background

Da anni la Commissione agevola e rafforza la cooperazione in materia di IA in tutta l'UE per rafforzarne la competitività e garantire la fiducia basata sui valori dell'UE.

A seguito della pubblicazione della strategia europea sull'IA nel 2018 e dopo un'ampia consultazione dei portatori di interessi, il gruppo di esperti ad alto livello sull'intelligenza artificiale (HLEG) ha elaborato orientamenti per un'IA affidabile nel 2019 e un elenco di valutazione per un'IA affidabile nel 2020. Parallelamente, nel dicembre 2018 è stato pubblicato il primo piano coordinato sull'IA come impegno congiunto con gli Stati membri.

Il Libro bianco della Commissione sull'IA, pubblicato nel 2020, ha delineato una visione chiara per l'IA in Europa: un ecosistema di eccellenza e fiducia, che pone le basi per l'accordo politico odierno. La consultazione pubblica sul Libro bianco sull'IA ha suscitato un'ampia partecipazione da tutto il mondo. Il Libro bianco è stato accompagnato da una "Relazione sulle implicazioni dell'intelligenza artificiale, dell'Internet delle cose e della robotica in materia di sicurezza e responsabilità", in cui si conclude che l'attuale legislazione in materia di sicurezza dei prodotti contiene una serie di lacune che devono essere colmate, in particolare nella direttiva macchine.

La ricerca indipendente e basata su dati concreti prodotta dal Centro comune di ricerca (JRC) è stata fondamentale per definire le politiche dell'UE in materia di IA e garantirne l'effettiva attuazione. Attraverso ricerche e analisi rigorose, il JRC ha sostenuto lo sviluppo della legge sull'IA, informando la terminologia dell'IA, la classificazione dei rischi, i requisiti tecnici e contribuendo allo sviluppo continuo di norme armonizzate.

A questo punto, permettetemi qualche considerazione.

Nel lodevole sforzo di diminuire l'impatto della IA sui diritti delle persone, laddove, ad esempio, se ne vieta l'uso per la definizione di pattern comportamentali che costituiscono la base per una predizione del comportamento di un cittadino o di un gruppo di cittadini, allo stesso modo vieta ai cittadini di utilizzare tali strumenti a vantaggio della stessa consapevolezza democratica.

Il Social Scoring richiamato prima e l'Identità Digitale sono solo due esempi di come l'IA possa essere utilizzata per il controllo della società, delle masse e del singolo individuo.

Il Social Scoring è un sistema di valutazione sociale che utilizza algoritmi per monitorare il comportamento delle persone in diversi contesti, come ad esempio sulle piattaforme social e nei servizi online. Questo sistema di valutazione assegna ai singoli individui un punteggio in base al loro comportamento e alle loro interazioni online, e questo punteggio può influire sulla loro reputazione e sul loro accesso a servizi e opportunità.

L'IA viene utilizzata nel Social Scoring in diversi modi. Ad esempio, gli algoritmi di apprendimento automatico sono utilizzati per analizzare i dati raccolti dalle interazioni online delle persone, come i commenti sui social media, i post, i like, i retweet, e così via. Questi algoritmi possono poi valutare il comportamento delle persone e assegnare loro un punteggio di conformità sulla base di parametri specifici, dettati da chi gestisce – e usa – il sistema di scoring.

Inoltre, l'IA può anche essere utilizzata per elaborare i dati raccolti dalle telecamere di sorveglianza e dai sensori ambientali per monitorare il comportamento delle persone nei luoghi pubblici. Anche in questo caso, gli algoritmi di apprendimento automatico possono essere utilizzati per analizzare i dati e assegnare un punteggio alle persone sulla base delle loro azioni e comportamenti.

l'IA viene impiegata per definire pattern comportamentali e valutare se una persona si discosta dai propri schemi tipici, attivando un "allarme" nel caso in cui vengano rilevati comportamenti anomali o sospetti.

Gli algoritmi di apprendimento automatico possono essere addestrati per riconoscere i comportamenti comuni delle persone in determinati contesti, ad esempio in un'azienda o in un aeroporto, e rilevare eventuali deviazioni da questi schemi comportamentali. Questi algoritmi possono analizzare una vasta gamma di dati, come i movimenti, i suoni, le comunicazioni verbali e non verbali, e così via, per identificare eventuali anomalie. Ad esempio, l'IA può essere utilizzata per rilevare comportamenti sospetti in situazioni di sicurezza, come la presenza di persone sconosciute o la mancata conformità ai protocolli di sicurezza. In questi casi, l'IA può attivare un allarme per avvertire il personale della sicurezza o i responsabili della gestione del rischio.

Ma gli algoritmi possono essere addestrati per riconoscere *i tuoi* comportamenti comuni. E se *tu* ti discosti da tali comportamenti, sul tavolo di qualcuno suona un allarme.

Il sistema di Social Scoring cinese, ad esempio, valuta il comportamento degli individui, delle aziende e delle istituzioni in base a una vasta gamma di fattori. Tra questi ci sono i seguenti:

1. Rispetto delle leggi e dei regolamenti: il rispetto della legge è un parametro fondamentale del sistema di Social Scoring cinese. Ciò include il rispetto delle leggi sulla sicurezza pubblica, sul traffico

stradale, sulle tasse, sul lavoro, sulla sicurezza alimentare e su molti altri aspetti della vita quotidiana.

2. Comportamento finanziario: il sistema tiene conto del comportamento finanziario degli individui e delle aziende. Questo include la valutazione della storia del credito, il rispetto dei termini dei contratti finanziari, il pagamento delle tasse e delle imposte, e così via.

3. Comportamento civico: il sistema di Social Scoring cinese valuta il comportamento civico degli individui, incluso il rispetto delle norme di comportamento sociale, la partecipazione a programmi di volontariato, la partecipazione alla vita comunitaria e così via.

4. Comportamento sui social media: il sistema di Social Scoring cinese tiene traccia del comportamento degli individui sui social media. Ciò include l'analisi dei contenuti pubblicati sui social media, i commenti, le attività e così via.

5. Conformità delle imprese: il sistema di Social Scoring cinese valuta anche il comportamento delle imprese, compresa la qualità dei loro prodotti e servizi, il rispetto dei contratti, la conformità fiscale, la responsabilità sociale e così via.

6. Comportamento ambientale: il sistema di Social Scoring cinese tiene conto anche del comportamento delle aziende e degli individui in merito alla protezione dell'ambiente, incluso l'uso di risorse naturali, la riduzione delle emissioni di gas serra, la gestione dei rifiuti e così via.

7. Comportamento legato alla salute: il sistema di Social Scoring cinese valuta anche il comportamento degli individui in merito alla loro salute, incluso il fumo, il bere alcolici, l'esercizio fisico e la partecipazione a programmi di prevenzione delle malattie.

In generale, il sistema utilizza una vasta gamma di dati provenienti da fonti diverse per valutare il comportamento degli individui e delle aziende e per assegnare loro un punteggio sociale.

I cittadini che hanno un alto punteggio sociale possono accedere a una serie di benefici, come ad esempio l'accesso a prestiti agevolati, l'assegnazione di abitazioni pubbliche, l'accelerazione dei procedimenti burocratici, l'ottenimento di visti per viaggi all'estero, e così via.

Al contrario, coloro che hanno un punteggio sociale basso possono subire penalizzazioni, come ad esempio l'impossibilità di ottenere prestiti o carte di credito, il divieto di viaggiare all'estero, l'impossibilità di ottenere un lavoro o di affittare una casa, di frequentare determinate scuole.

Per quanto riguarda la famiglia del cittadino con punteggio basso, il sistema di Social Scoring cinese non prevede specifiche sanzioni. Tuttavia, le conseguenze negative del basso punteggio sociale del cittadino possono riflettersi anche sulla famiglia, ad esempio nell'impossibilità di ottenere prestiti per l'acquisto di una casa o di una macchina.

Il sistema di identità digitale cinese, chiamato "Sistema di Credito Sociale Unificato", è un database centralizzato che raccoglie informazioni sulle attività finanziarie, commerciali e sociali dei cittadini, e assegna a ciascun individuo un punteggio di credito.

Questo punteggio di credito viene utilizzato dalle banche e dalle istituzioni finanziarie per valutare la solvibilità dei clienti, ma anche dalle autorità governative per valutare il comportamento dei cittadini.

Il sistema di Social Scoring utilizza anch'esso i dati raccolti dal Sistema di Credito Sociale Unificato per valutare il comportamento dei cittadini e assegnare loro un punteggio sociale.

In questo modo, le autorità governative possono monitorare il comportamento dei cittadini non solo in ambito finanziario, ma anche in ambito sociale e comportamentale.

Sei quindi ostaggio del sistema di scoring. Non più un cittadino. Fantascienza? No, già sta succedendo (anche se ufficialmente solo in Cina, ciò lo rende realtà).

Da buon liberista, non posso che rispondere in questo modo:

In questo scenario, l'accesso delle masse ai sistemi di IA potrebbe diventare l'unica difesa, l'unico modo di contrasto da parte del singolo verso questi sistemi di controllo. Come?

In primo luogo, l'IA può essere utilizzata per criptare e proteggere i dati personali del singolo cittadino, rendendoli meno accessibili alle autorità governative e ad altri soggetti non autorizzati. In questo modo, il cittadino può proteggere la propria privacy e impedire che le sue informazioni vengano utilizzate per scopi illeciti o invasivi.

In secondo luogo, l'IA potrebbe essere utilizzata dal cittadino per generare informazioni false o fuorvianti sui comportamenti "come se fosse il cittadino stesso", in modo da confondere i sistemi di monitoraggio e di raccolta dati utilizzati dalle autorità governative. Oppure per generare dati comportamentali credibili in misura notevole, in modo da "affogare" il sistema con dati comportamentali fasulli.

L'IA infatti ha la capacità di fingersi una persona e manipolare, o inventare, i dati che vengono raccolti dai controllori, rendendo difficoltosa l'identificazione e il monitoraggio del singolo.

Ad esempio, un software di IA potrebbe generare attività false sui social media o su altre piattaforme online, per mascherare le vere attività del cittadino e confondere i sistemi di monitoraggio.

Tuttavia l'utilizzo di queste tecnologie può essere rischioso e potenzialmente illegale. In alcuni paesi, l'utilizzo di software o tecnologie che ostacolano o confondono i sistemi di monitoraggio delle autorità governative può essere considerato un reato, addirittura un attentato alla sicurezza nazionale.

Mentre lo Stato o le Corporazioni possono usare i dati raccolti per profilare e definire l'informazione da veicolare (vedi Cambridge Analytica, ad esempio) e quindi orientare il singolo e le masse, anche se ufficialmente tale pratica sembra rientrare tra quelle vietate o controllate, l'uso di sistemi di IA da parte del privato, atti a impersonare il privato stesso sui social (ad esempio), ma con comportamenti diversi, finalizzato ad evitare la profilazione, può esser vietato. Un tale sbilanciamento non deve essere ammesso, in un sistema democratico.

In Italia, ad esempio, l'utilizzo di sistemi che "confondono le acque", ad esempio generando informazioni false o fuorvianti sui comportamenti di un individuo per confondere i sistemi di monitoraggio governativi, potrebbe violare diverse leggi. Potrebbe essere considerato un reato l'utilizzo di strumenti o tecniche per ostacolare le attività di pubblico ufficiale o per impedire l'azione dell'autorità giudiziaria (articoli 337 e 367 del Codice Penale italiano). Inoltre, potrebbe essere considerato un reato l'utilizzo di strumenti o tecniche per commettere frodi informatiche o per alterare l'informazione informatica (articoli 640-ter e 491-bis del Codice Penale italiano), oppure potrebbe rientrare in diversi reati previsti dalla legislazione italiana, tra cui:
- Art. 494 del Codice Penale: Falsità ideologica commessa dal privato. Questo reato punisce chiunque compie atti con il fine di far risultare verità ideologiche diverse da quelle effettive, al fine di trarne un profitto per sé o per altri.
- Art. 495 del Codice Penale: Falsità materiale commessa dal privato. Questo reato punisce chiunque compie atti con il fine di far risultare fatti materiali diversi da quelli effettivi, al fine di trarne un profitto per sé o per altri.

Questo sbilanciamento lascia intravvedere la posizione dominante del "sistema" sul "singolo". Anche nella liberale (sic) Italia.

Su di un piano storico-evoluzionistico, l'utilizzo della IA da parte del singolo per contrastare un uso autoritaristico della stessa potrebbe essere visto come un atto di disobbedienza civile, che ha avuto un ruolo importante nella storia del cambiamento sociale e politico, e nel progresso umano.

A ciò aggiungiamo un fattore importante: l'impatto dell'uso della IA nel decadimento delle strutture di potere referenziali.

Se per fare una tesi di laurea posso usare Chat GPT, a cosa serve che un professore in carne ed ossa la valuti, ma che soprattutto abbia il potere di determinare, con un suo atto di volontà il mio voto, e quindi la mia carriera futura?

Se per analizzare dei dati posso usare degli algoritmi neutrali che pescano informazioni usando le ontologie, che bisogno ho di leggere un giornale sottoposto alla revisione di un capo redattore, quindi alle sue idee?

Se un sistema di IA è riuscito a superare il test di abilitazione alla professione medica[lxxxvi], che bisogno ho del medico della ASL, se il sistema conosce anche me, il mio patrimonio genetico e i miei valori standard?

Se posso usare la IA per criptare dei dati e trasmetterli in sicurezza, e conservarli in sicurezza, che bisogno ho di un notaio che li certifichi?

Se posso usare gli algoritmi di IA per effettuare trading sui mercati finanziari, che bisogno ho di un intermediario finanziario?

Ho fatto cinque esempi di "professioni tradizionali" minacciate dalla IA, ma scelte fra quelle che rappresentano il presidio di alcuni snodi delle nostre vite. Abolendo il presidio, le nostre vite si potrebbero svolgere in modo più lineare, e soprattutto *determinato da noi*.

Ma qualsiasi organismo tende al mantenimento dello status quo. Non solo il professore o il notaio, ma il sistema stesso che sul professore e il notaio ha impostato gli snodi delle nostre vite.

Il controllo dell'individuo funziona se c'è struttura, e la struttura si basa su "luoghi di potere anche minimo" per fare in modo che il singolo rimanga nella casella a lui assegnata.

L'IA minaccia lo status quo. Che è il migliore status quo raggiunto dall'Uomo da che è sceso dagli alberi, a giudicare dalla sua diffusione e aspettativa di vita.

Ma siamo sicuri che domani non avremo bisogno, non desidereremo un altro status quo? Migliore ancora, per il singolo individuo? E come si potrà raggiungere se il controllo - nato per mantenere l'attuale status quo- sarà appiattente, pervasivo e opprimente?

Io ho visto nella decisione di limitare la IA attraverso la creazione di un clima di scetticismo o addirittura di divieto all'accesso da parte dei cittadini, nelle dichiarazioni di uomini di potere circa la pericolosità della IA, il primo segno della reazione dell'oggi, e del futuro che l'oggi aveva programmato, nei confronti della possibilità di un domani.

Ma siamo sicuri, torno a domandare, di volere che domani sia come oggi, solo più inquadrato?

Il Green Deal europeo ha definito il modello per questo cambiamento.

Un cambiamento che, nelle intenzioni dei legislatori, dovrà portare con sé molti benefici, dalla creazione di nuove opportunità di innovazione, investimenti e posti di lavoro verdi, al miglioramento della salute e del benessere.

Tutti i 27 Stati membri dell'UE si sono impegnati a trasformare l'UE nel primo continente climaticamente neutro entro il 2050. Per raggiungere questo obiettivo, si sono impegnati a ridurre le emissioni di almeno il 55% entro il 2030, rispetto ai livelli del 1990.

L'UE dispone ora di obiettivi climatici giuridicamente vincolanti che coprono tutti i settori chiave dell'economia. Il pacchetto complessivo comprende:

- obiettivi di riduzione delle emissioni in un'ampia gamma di settori
- Un obiettivo per aumentare i sistemi naturali di assorbimento del carbonio
- un sistema di scambio di quote di emissione aggiornato per limitare le emissioni, dare un prezzo all'inquinamento e generare investimenti nella transizione verde

e

- sostegno sociale ai cittadini e alle piccole imprese

Gli Stati membri spenderanno ora il 100% dei proventi dello scambio di quote di emissione in progetti legati al clima e all'energia e alla dimensione sociale della transizione.

Il nuovo Fondo sociale per il clima destinerà 65 miliardi di euro dal bilancio dell'UE e oltre 86 miliardi di euro in totale al sostegno dei cittadini e delle piccole imprese più vulnerabili nella transizione verde. Ciò garantirà opportunità per tutti, affrontando le disuguaglianze e la povertà energetica e rafforzando la competitività delle imprese europee, senza lasciare indietro nessuno.

Per garantire condizioni di parità per le imprese europee, il nuovo meccanismo di adeguamento del carbonio alle frontiere garantirà che anche i prodotti importati paghino un prezzo del carbonio alla frontiera nei settori interessati. Si tratta di uno strumento prezioso per promuovere la riduzione delle emissioni globali e sfruttare il mercato dell'UE per perseguire i nostri obiettivi climatici globali.

Come ulteriore passo avanti nel percorso verso la neutralità climatica, nel febbraio 2024 la Commissione ha presentato la sua valutazione per un obiettivo climatico per il 2040 per l'UE. Ha raccomandato di ridurre le emissioni nette di gas a effetto serra nell'UE del 90% entro il 2040 rispetto ai livelli del 1990, in linea con i recenti pareri scientifici e gli impegni assunti dall'UE nel quadro dell'accordo di Parigi. Il Parlamento europeo e gli Stati membri discuteranno di questo obiettivo e la prossima Commissione presenterà proposte legislative su tale base.

86 miliardi.

I governi dell'Unione europea hanno concordato la strategia, ma tendono a nascondere i costi economici a breve termine della transizione verde. Se non si presentano chiaramente all'opinione pubblica e non spiegano come questi costi saranno condivisi, potrebbero dover affrontare proteste populiste paralizzanti che comprometteranno i loro obiettivi finali.

L'importo degli investimenti aggiuntivi necessari nel settore energetico dell'UE nel periodo 2021-2030, rispetto al decennio precedente, sarebbe compreso tra 260 miliardi di euro e 380 miliardi di euro, ovvero tra l'1,5% e l'1,8% del PIL, secondo le stime della Commissione Europea stessa.

La velocità della transizione avrà anche un impatto sulla crescita e sull'inflazione. Se gli investimenti verdi si sostituiscono ad altri tipi di investimenti più redditizi da parte dei governi, delle famiglie o delle imprese, potrebbero avere un impatto negativo sulla crescita.[lxxxvii]

Questo perché gli investimenti progettati per ridurre i combustibili fossili non aumentano, di per sé, la produttività a breve termine.

L'economista francese Jean Pisani-Ferry ha paragonato l'impatto della transizione verde a uno shock economico equivalente ai bruschi picchi dei prezzi del petrolio negli anni '70. Combattere il cambiamento climatico, sostiene, equivale a dare un prezzo a una risorsa – in questo caso, un clima stabile – che per troppo tempo è stata disponibile gratuitamente. Ma a differenza dei precedenti shock innescati dall'instabilità geopolitica o dalle guerre commerciali, la transizione verde è stata avviata e gestita dai governi, e in gran parte finanziata da questi ultimi.

La transizione verde minaccia anche di causare un forte aumento delle disuguaglianze se i governi non escogitano trasferimenti e sussidi per rendere meno doloroso il lavoro dei redditi più bassi, che non possono affrontare i costi dell'adozione delle tecnologie green.

Ovviamente anche i bilanci statali ne risentiranno, rendendo più difficile finanziare qualsiasi intervento pubblico.

Le entrate fiscali diminuiranno man mano che il passaggio alle energie rinnovabili ridurrà il gettito fiscale derivante dai carburanti .Nel Regno Unito, ad esempio, quella parte del gettito fiscale, che ora ammonta a circa l'1,2% del PIL, si dimezzerà entro il 2030 e scomparirà entro il 2050, secondo l'Office for Budget Responsibility.

Tali shock a breve termine potrebbero essere assorbiti in nome di benefici a lungo termine da parte di governi politicamente forti, finanziariamente sicuri e pronti a mettere in guardia sui sacrifici che li attendono e ad assicurarsi che siano equamente condivisi.

Ma i tre modi per finanziare la transizione – tasse, tagli alla spesa o più debito – sono tutti problematici in Europa.

La Francia e l'Italia, con livelli di debito/PIL alti difficilmente possono indebitarsi di più.

La Germania sembra il paese più in grado di permettersi la transizione verde, ma la sua eccessiva enfasi sulla regolamentazione in materia ambientale si sta scontrando con una feroce opposizione.

Nessun grande governo europeo è stato trasparente sui compromessi che saranno necessari in questo decennio, né ha presentato alcuna idea su come evitare di aggiungere ancora più dolore a coloro che si trovano all'estremità inferiore della scala della ricchezza e delle entrate. In un mondo ideale, questo dovrebbe far parte di un piano a lungo termine che espliciti chiaramente le scelte e i sacrifici che ci attendono.

Ma la fragilità della maggior parte dei governi europei – divisi, minacciati da disordini populisti e a corto di liquidità dopo tre anni di difficoltà economiche – li mette in una posizione difficile per affrontare questa sfida.

D'altro canto, abbiamo visto, il settore privato ancora non è interessato ad investire nel green, dato il basso ROI.

Dovremmo rivedere gli obiettivi, anche alla luce del fatto che le altre potenze mondiali non se li sono posti in modo così stringente?

Anche in questo caso la UE ha invece optato per un rafforzamento legislativo, imponendo autoritariamente le proprie scelte a cascata su imprenditori e consumatori, con conseguenze solo in minima parte mitigate dagli incentivi (principalmente fiscali) derivanti dalla adozione di sistemi green.

Come ha dimostrato la vicenda del superbonus.

La misura ha un triplice obiettivo:
1. Rendere più efficienti energeticamente gli immobili italiani, riducendo così la spesa energetica (e quindi il deficit della bilancia dei pagamenti)
2. Far emergere quella parte di sommerso che c'è nel settore
3. Rilanciare il settore edile.

Immaginiamo che la nostra azienda faccia un intervento con un Quadro Tecnico Economico (valore dei lavori e annessi, base imputabile per il calcolo del 110%) di un milione di euro. E seguiamo le tabelle di spesa indicate dal Ministero, restando sui minimi tabellari nei calcoli.

Avremo

Voce	Importo	Tassa relativa
QTE (che comprende)	1.000.000	100.000 (IVA ag.)
Costo manodopera (min. 22%)	220.000	60.720 (contributi ag.)
Materiale	530.000	116.600 (Iva 22%)
Oneri vari ammissibili (es. progettazione e asseverazione)	150.000	
Utile	100.000	27.900 (tassa su utile)
Tasse da pagare		=72.020

Seguendo questa logica, e applicando lo sconto in fattura, la nostra azienda avrà un credito fiscale di 1.100.000 euro.

Per utilizzare tale credito in cinque anni, dovrà, entro tale termine, eseguire lavori che non beneficino del superbonus a loro volta per un totale di 13.885.032 euro, ossia 2.78 lavori all'anno dello stesso importo di quello che ha goduto del beneficio fiscale.

Vi sono poi altri bonus, decennali, che ammontano al 90 o meno per cento del QTE.

In tal caso, avremmo, con gli stessi parametri della tabella sopra, 900.000 euro di vantaggio fiscale da recuperare in 10 anni, ossia 90.000 euro all'anno. Il che ci dice che per ogni intervento effettuato, se ne sconta un altro all'anno, fino a circa 12.50 interventi complessivi.

Fin qui tutto bene, dato che con questi parametri tutti gli obiettivi della misura sono potenzialmente perseguiti e forse raggiunti.

Ma cosa succede se questi parametri non sono rispettati?

Il NADEF[lxxxviii] da poco pubblicato indica che "Nei conti pubblicati da Istat il 22 settembre scorso la spesa per i due bonus edilizi relativa al 2022 è stata rivista al rialzo (dal 2,6 al 2,8 per cento del PIL) rispetto alle stime dello scorso marzo." Il Pil è stato, nel 2022, di 1.946.479 milioni di euro, il che farebbe ammontare il valore dei bonus a 54.5 miliardi miliardi per il solo anno 2022. L'ENEA, ossia l'Ente incaricato della certificazione dei lavori al fine della fruizione del superbonus, ha dichiarato che a settembre 2023 il montante dei crediti per il solo superbonus aveva superato quota 89,5 miliardi, equivalenti a lavori per 81,5 miliardi circa, "a fine agosto il totale degli investimenti ammontava a 85 miliardi di euro, a fine luglio a 82,9 miliardi di euro, a fine giugno a 79,9 miliardi di euro, a fine maggio a 77 miliardi di euro, a fine aprile a 74,6 miliardi di euro, a fine marzo a 72 miliardi di euro, a fine febbraio a 68,5 miliardi di euro, a fine gennaio il totale degli investimenti ammontava a 65 miliardi di euro"[lxxxix].

89.5 miliardi di superbonus scontati in fattura, per esser assorbiti, quindi, comportano lavori non soggetti a agevolazione fiscale per 273,4 miliardi circa all'anno nei successivi 5 anni.

Il mercato delle ristrutturazioni in Italia, nel 2018, era di meno di 50 miliardi di euro (49,6, secondo Statista)[xc]. Per assorbire quindi il vantaggio fiscale bisognerebbe quindi che ogni anno le aziende effettuassero lavori di ristrutturazione per 5.47 volte i lavori realizzati nel 2018.

Cosa che sarebbe fattibile, se il settore finanziario agevolasse tali lavori. Tuttavia la contrazione della concessione di prestiti a privati ed imprese, dovuta all'aumento dei tassi di interesse che ha comportato una selezione drastica dei candidati al prestito secondo i parametri di Basilea, non consentirebbe un tale sforzo produttivo. Inoltre, tale selezione, diminuendo altrettanto drasticamente la platea delle famiglie finanziabili, rende difficile ad esse anticipare i montanti necessari alle ristrutturazioni, spingendole ad effettuare i lavori solo in presenza di sconto in fattura.

Quindi gli obiettivi, dall'1 al 3, della misura vengono frustrati, rendendo per il lo Stato, solo dal punto di vista del settore edile, tale misura.

Va bene, si è detto lo Stato: vuol dire che se le aziende non producono, non usano il credito. Io non ci avrò guadagnato secondo gli obiettivi prefissi, ma non ci avrò neanche perso.

Ma dal punto di vista delle Aziende edili, si presenta una scelta obbligata: cedere il credito. D'altronde un credito fiscale può esser ceduto...

In Italia ci sono tante aziende che pagano tante tasse, ad esempio le aziende energivore, le aziende petrolifere, quelle di servizi... Loro sono dei candidati ottimali ad acquistare il credito fiscale prodotto dal settore Edile, anche a condizione di risparmiare 3 o 4 punti percentuali...

Ma l'acquisto da parte loro del credito non si tramuta in un maggior lavoro alternativo alle agevolazioni - come nel caso del settore edile – bensì in una perdita secca da parte dello Stato.

Quindi, con la cessione del credito, lo Stato non solo non raggiunge gli obiettivi voluti, ma perde soldi.

Quindi ha mantenuto la cedibilità dei crediti solo per il tempo necessario a far emergere il nero, e fornirsi di parametri di valutazione della congruità fiscale di ogni azienda del settore edile. Poi ha iniziato piano piano a rendere le cose più difficili, pur mantenendo l'agevolazione, in modo da continuare a monitorare le aziende, ed a sfrondare il mercato da quelle non solide, nella speranza di ricondurre il tutto al disegno primitivo, con le aziende edili solide, senza nero, con capacità di crescita. Ma anche qui la resilienza della PMI italiana ha fatto in modo che, invece di diminuire, il ricorso al 110% continuamente   aumentasse.

Finche' non si è deciso di intervenire vietando la cessione del credito, con il DL 16 febbraio 2023, n. 11, mettendo una pietra tombale sull'iniziativa giudicata inutile e dispendiosa.

Cosa succederà al settore edile? È tutto da vedere.

Nel frattempo, molte aziende saranno già fallite. Le statistiche[xci] a settembre 2023, infatti, vedono un aumento del 33% delle liquidazioni volontarie di aziende edili, del 50% delle aziende di materiali edili, e un aumento dei fallimenti del 36% sempre fra le aziende di materiali edili.
Fino a quando le genti d'Europa accetteranno tali misure, tali imposizioni?

Questa è una buona domanda.

Se i governi dei singoli Stati possono esser attratti da una convergenza di politiche economiche e finanziarie tale da contribuire alla ridefinizione della posizione della UE nello scacchiere mondiale, dobbiamo notare che quando si cerca di fare un passo avanti, che vada a toccare interessi finanziari, tutto diventa più complicato.

Ne è l'esempio il tentativo di armonizzare anzi unificare la gestione delle borse europee.

L'abbattimento delle barriere nazionali su questioni come la vigilanza, considerata un pilastro essenziale per mercati dei capitali, i prodotti di risparmio e i regimi di insolvenza sono diventati più urgenti in quanto l'UE deve far fronte alle crescenti esigenze finanziarie per far fronte a una lunga lista di sommovimenti geopolitici.

Al momento della redazione di questo volume, i ministri delle finanze dell'Unione europea si stanno scontrando sulle opzioni per unificare la supervisione dei mercati dei capitali nazionali, mentre il blocco sta cercando di avvicinare i sistemi divergenti per stimolare gli investimenti privati per priorità come la transizione verde o la difesa.

Il presidente dell'Eurogruppo, Paschal Donohoe, ha affermato che gli Stati membri non sono tutti d'accordo sul livello di inferenza he un regime di vigilanza comune, come parte della tabella di marcia per procedere verso l'unione dei mercati dei capitali, debba avere sulle singole autorità nazionali.

"C'è una forte diversità di opinioni al momento sul futuro della supervisione", ha detto Donohoe, che è responsabile del progetto.

Parlando a margine della riunione dei ministri delle finanze dell'UE a Gand, in Belgio, ha detto che c'è ancora molto lavoro da fare nelle prossime settimane per vedere se si riuscirà ad identificare una dichiarazione condivisa, e che i Paesi sosterranno.

I responsabili delle finanze dell'UE hanno discusso la questione della supervisione – uno dei pochi punti in sospeso della tabella di marcia – ma non sono riusciti a fare alcun progresso. Si prevede che raggiungeranno un accordo entro la prossima riunione del 12 marzo, prima della riunione dei leader dell'UE del 21-22 marzo, quando la questione probabilmente verrà sollevata.

Alcuni paesi stanno spingendo verso un sistema centralizzato, altri preferiscono un maggiore coordinamento tra le autorità nazionali e un terzo gruppo vuole mantenere l'attuale equilibrio sulla base degli organismi di vigilanza nazionali e dell'Autorità europea degli strumenti finanziari e dei mercati con un ruolo limitato per il coordinamento di alcune delle misure nazionali, ha detto Donohoe.

Ha invitato ad agire poiché molti rischi e sviluppi politici nel mondo stanno dimostrando la necessità di rafforzare le fondamenta della regione.

"L'Europa è profondamente consapevole in questo momento della necessità di essere in grado di stare saldamente in piedi con le proprie gambe negli anni a venire", ha affermato. "Ho davvero sentito questo in una serie di discussioni negli ultimi tempi che il modo in cui possiamo rafforzarci è ora una necessità", ha aggiunto sullo sfondo di una possibile vittoria di Trump.

Alcuni Stati membri, tuttavia, sono sempre più impazienti per la mancanza di progressi nella costruzione di un'unione dei mercati dei capitali, un progetto decennale, e hanno messo in dubbio l'ambizione delle discussioni in corso.

L'unificazione finanziaria dell'Europa, o quanto meno l'armonizzazione delle regole relative all'accesso ai mercati finanziari, che ora differiscono grandemente a causa delle libertà interpretative prerogativa degli Enti nazionali, serve per favorire la fluidità dei mercati, incentivare gli investimenti privati, e armonizzare la diffusione degli stessi su tutto il territorio UE, con innegabili vantaggi.

L'armonizzazione delle regole finanziarie consentirebbe agli investitori di operare liberamente su un mercato più omogeneo e trasparente, riducendo i costi e le complessità associati alla conformità normativa in diversi paesi.

Ciò incentiverebbe gli investimenti privati, poiché gli investitori avrebbero maggiore fiducia nella stabilità e nella coerenza del quadro normativo europeo. Inoltre, una maggiore armonizzazione potrebbe promuovere una distribuzione più equa degli investimenti su tutto il territorio dell'UE, contribuendo a ridurre le disparità economiche tra le regioni e a promuovere la crescita economica complessiva.

Inoltre, l'unificazione finanziaria potrebbe favorire la convergenza delle pratiche finanziarie e la diffusione delle migliori pratiche in materia di governance e trasparenza, migliorando così la qualità complessiva dei mercati finanziari europei. Ciò potrebbe attrarre maggiori flussi di capitali verso l'UE e migliorare la competitività globale dell'Europa come destinazione d'investimento.

Infine, una maggiore armonizzazione finanziaria potrebbe anche contribuire a rafforzare la stabilità finanziaria dell'UE nel suo insieme, la sua resilienza, riducendo il rischio di crisi finanziarie e migliorando la capacità dell'UE di rispondere efficacemente a eventuali shock finanziari.

Oggi ci sono interpretazioni diverse, ad esempio, tra uno Stato ed un altro circa le assicurazioni che debbano coprire i valori sottostanti i titoli emessi a seguito di una cartolarizzazione. Per cui chi vuole cartolarizzare, se ha la sfortuna di risiedere in un Paese di un tipo, rischia di non poterlo fare, mentre un altro, che risiede in un Paese di un altro tipo, può farlo agevolmente.

Per superarli, però, dobbiamo smantellare i "piccoli gangli dove si annida il potere".

"Sono stufo di dichiarazioni vuote", ha detto venerdì il ministro delle Finanze francese Bruno Le Maire prima della discussione. "Pensate davvero che la Cina e gli Stati Uniti saranno impressionati dalle nostre dichiarazioni? Abbiamo bisogno di decisioni. E abbiamo bisogno di decisioni forti".

Conclusioni: decisioni forti.

Questo è il tema.

Possono governi deboli implementare decisioni forti, solo con la scusa che "lo vuole l'Europa"?

Fino a che punto sono disposti a spingersi?

Da un lato, la debolezza di un governo può minare la sua capacità di adottare politiche coraggiose e impopolari. Un governo privo di una base politica solida potrebbe temere di alienare gli elettori e quindi evitare di prendere decisioni impopolari che potrebbero compromettere la sua stabilità politica o addirittura portare a proteste e disordini, come sta accadendo in questi giorni. Un governo finanziariamente debole è limitato nella sua capacità di finanziare programmi di transizione o emergenza, e di sostenere le fasce più vulnerabili della società durante questo processo.
Tuttavia, i governi deboli potrebbero trovare nell'implementazione di politiche audaci l'opportunità per rafforzare la propria legittimità e autorevolezza. Affrontare sfide complesse potrebbe offrire ai governi europei l'opportunità di dimostrare capacità realizzativa, leadership e determinazione, guadagnando così il sostegno pubblico e consolidando la propria posizione politica.

Il fatto che si stia vivendo una situazione di crisi, di cambiamento profondo, non solo richiede, ma facilita l'accesso al consenso sulla necessità di misure decisive, consentendo anche ai governi deboli di agire con una certa libertà e risolutezza.

Sempre che ne abbiano la capacità.

E che sappiamo esplicitare, finalmente, una Dottrina Europea!

NOTE

---

[i] Fonte: How Russia Pays for War By Lazaro Gamio and Ana Swanson Oct. 30, 2022, New York Times

[ii] Economic warfare di Yuan-li Wu, ed. Prentice-Hall; First Ed. edition January 1, 1952

[iii] La strategia nucleare della Russia è stata oggetto di intensi dibattiti internazionali, La politica ufficiale di deterrenza della Russia, aggiornata per l'ultima volta nel 2020, stabilisce le condizioni esplicite in cui potrebbe utilizzare armi nucleari: per rispondere a un attacco in corso "contro siti governativi o militari critici" da parte di missili balistici, armi nucleari o altre armi di distruzione di massa (ADM), e per rispondere quando "l'uso di armi convenzionali quando l'esistenza stessa dello stato è in pericolo" (Ministero degli Affari Esteri della Federazione Russa 2020).

Nonostante alcune interpretazioni iniziali suggerissero un cambiamento verso una maggiore affidabilità di un possibile primo utilizzo di armi nucleari in una politica di "escalate-to-deescalate", la politica ufficiale della Russia è in gran parte coerente con le precedenti iterazioni pubbliche della strategia nucleare russa (Dipartimento della Difesa degli Stati Uniti 2018, 30). Questo include le dichiarazioni del presidente Putin al Valdai Club nell'ottobre 2018, quando ha affermato che "La nostra dottrina sulle armi nucleari non prevede un attacco preventivo." Piuttosto, ha continuato, "il nostro concetto si basa su un contrattacco reciproco... Questo significa che siamo preparati e useremo armi nucleari solo quando siamo certi che qualche aggressore potenziale stia attaccando la Russia, il nostro territorio" (Federazione Russa 2018a).

Questo è inoltre coerente con le precedenti iterazioni della politica nucleare russa, che sono rimaste in gran parte invariate sin dalla salita al potere del presidente Putin nel 2000 (Federazione Russa 2014, 2010).

In quest'ambito rientra lo sviluppo e il deployment del missile Sarmat

Tipo: Superheavy Intercontinental Ballistic Missile (ICBM).
Provenienza: Russia.
In servizio: Dal 2023.
Utilizzato dalle Forze missilistiche strategiche.
Designer: Makeyev Rocket Design Bureau.
Produttori: KrasMash, Zlatoust MZ, NPO Energomash, NPO Mashinostroyeniya, KBKhA.

Massa: 208,1 tonnellate.
Lunghezza: 35,5 metri.
Diametro: 3 metri.
Testata: Termonucleare, 10 MIRV e 16 Combine con HGV (veicoli ipersonici plananti Avangard).
Motore: Missile a tre stadi con propulsione liquida.
Primo stadio: PDU-99 (derivato da RD-274).
Propellente: Liquido.
Gittata operativa: Circa 18.000 chilometri.
Sistema di guida: Guida inerziale, GLONASS, Astro-inerziale.
Piattaforma di lancio: Silo.

E poi c'e' il Progetto "Mozyr":

Secondo varie fonti, i siti di lancio del RS-28 saranno equipaggiati con il sistema di protezione attiva "Mozyr", progettato per annullare l'eventuale vantaggio del primo attacco di un avversario, sparando una nuvola di frecce o palline metalliche che distruggono cineticamente bombe in arrivo, missili da crociera e testate ICBM a distanze fino a 6 km.

[iv] (fonte: Sviluppi militari e di sicurezza che coinvolgono la Repubblica Popolare Cinese - Rapporto al Congresso - Ai sensi del National Defense Authorization Act per l'anno fiscale 2000, e successive modifiche)

[v] Xi Jinpin in un discorso pubblico nel marzo 2023

[vi] Russia outsmarts Western sanctions—and China is paying attention - How the rise of middle powers helps America's enemies su The Economist, 21 febbraio 2024

[vii] https://www.donaldjtrump.com/issues

[viii] Western Europe's Growth Prospects: an Historical Perspective - Nicholas Crafts Competitive Advantage in the Global Economy Research Centre, University of Warwick - December 2011

[ix] The Golden Age of European growth reconsidered PETER TEMIN -Department of Economics, Massachusetts Institute of Technology, Cambridge MA 02142-1347, USA

[x] Leggi la necessità di trovare un nuovo equilibrio nella bilancia dei pagamenti, e di gestire l'aspetto finanziario del sostegno alla crescita.

[xi] https://bancroft.berkeley.edu/ROHO/projects/debt/terminationgolddollar.html

[xii] The Soviet Union after 1945: Economic Recovery and Political Repression
Mark Harrison Department of Economics, University of Warwick - Centre for Russian & East European Studies, University of Birmingham Hoover Institution onWar, Revolution, and Peace, Stanford University

[xiii] https://www.lincei.it/en/amaldi-conferences

[xiv] "portare l'avversario al limite"

[xv] In caso di attacco da parte di un aggressore, uno stato reagirebbe in modo massiccio usando una forza sproporzionata rispetto alle dimensioni dell'attacco.

[xvi] Ricordate la canzone di Sting "Russians"?

[xvii] La dottrina della mutua distruzione assicurata (MAD) presuppone che una forza di deterrenza nucleare debba essere credibile e potenzialmente resiliente. Cioè, ogni forza deterrente deve sopravvivere a un primo attacco con capacità sufficienti per distruggere efficacemente l'altro paese in un secondo attacco. Pertanto, un primo attacco sarebbe suicida per il paese di lancio.
Alla fine degli anni 1940 e 1950, con lo sviluppo della Guerra Fredda, gli Stati Uniti e l'Unione Sovietica perseguirono molteplici metodi e piattaforme di consegna per fornire armi nucleari. Tre tipi di piattaforme si sono dimostrati di maggior successo e sono collettivamente chiamati "triade nucleare". Si tratta di armi aeree (bombe o missili), sottomarini lanciamissili balistici (di solito a propulsione nucleare e chiamati SSBN) e missili balistici intercontinentali (ICBM), solitamente schierati in silos missilistici temprati terrestri o su veicoli.
Sebbene non considerate parte delle forze deterrenti, tutte le potenze nucleari hanno schierato un gran numero di armi nucleari tattiche nella Guerra Fredda. Queste potrebbero essere lanciate praticamente da qualsiasi piattaforma in grado di lanciare munizioni convenzionali.
Durante gli anni 1970 c'era una crescente preoccupazione che le forze convenzionali combinate dell'Unione Sovietica e del Patto di Varsavia potessero sopraffare le forze della NATO. Sembrava impensabile rispondere a un'incursione sovietica/del Patto di Varsavia nell'Europa occidentale con armi nucleari strategiche, invitando a uno scambio catastrofico. Pertanto, sono state sviluppate tecnologie per ridurre notevolmente i danni collaterali pur essendo efficaci contro l'avanzata delle forze militari convenzionali. Alcune di queste erano bombe a neutroni a basso rendimento, che erano letali per gli equipaggi dei carri armati, specialmente con carri armati ammassati in formazione stretta, mentre producevano relativamente poca esplosione, radiazione termica o ricaduta radioattiva. Altre tecnologie erano i cosiddetti "dispositivi a radiazione soppressa", che producevano per lo più esplosioni con poca radioattività, rendendoli molto simili agli esplosivi convenzionali, ma con molta più energia.

[xviii] https://en.wikipedia.org/wiki/Treaty_on_the_Non-Proliferation_of_Nuclear_Weapons

[xix] https://en.wikipedia.org/wiki/Strategic_Arms_Limitation_Talks#SALT_I_Treaty

[xx] https://en.wikipedia.org/wiki/Strategic_Arms_Limitation_Talks#SALT_II_Treaty

[xxi] https://en.wikipedia.org/wiki/START_I

[xxii] https://en.wikipedia.org/wiki/START_II

[xxiii] "The occasion has been judged proper for asserting, as a principle in which the rights and interests of the United States are involved, that the American continents, by the free and independent condition which they have assumed and maintain, are henceforth not to be considered as subjects for future colonization by any European powers.

…

We owe it, therefore, to candor and to the amicable relations existing between the United States and those powers to declare that we should consider any attempt on their part to extend their system to any portion of this hemisphere as dangerous to our peace and safety. With the existing colonies or dependencies of any European power, we have not interfered and shall not interfere. But with the Governments who have declared their independence and maintained it, and whose independence we have, on great consideration and on just principles, acknowledged, we could not view any interposition for the purpose of oppressing them, or controlling in any other manner their destiny, by any

European power in any other light than as the manifestation of an unfriendly disposition toward the United States."

xxiv https://history.state.gov/milestones/1801-1829/monroe

OFFICE OF THE

HISTORIAN

xxv

xxvi https://history.state.gov/departmenthistory/short-history/truman

xxvii Il 46% del cibo del mondo è prodotto nella fascia che comprende il centro-nord degli USA e il sud del Canada. Da nessuna altra parte vi è una ricchezza tale.

xxviii Russia's Election Meddling Part Of A Long History Of 'Active Measures' May 23, 2017 PHILIP EWING, npr.org .

xxix Molto spesso da noi si parla di persone e di popolazioni "di lingua russa", sul territorio di Donetsk, Lugansk e in Crimea. Ora, questa è un'accezione assolutamente riduttiva della realtà. C'è differenza, nei Paesi ex sovietici, tra Cittadinanza e Nazionalità. Una differenza sostanziale. Una persona può essere nata in Kazakhstan, essere cittadina kazakha, ma, essendo di discendenza, di cultura - e talvolta anche di tratti somatici - russa, sarà di Nazionalità russa. La reductio è voluta per evitare di creare confusione nei ricettori nostrani della comunicazione. È, quella della nazionalità, una questione ben più radicata, più profonda della sola lingua condivisa: è una vera e propria appartenenza. E solo chi conosce bene l'ex URSS può rendersene conto.

Bank	Exposure	Contextual note
Credit Agricole	About €4.9 bln related to Russia, €1.5 bln commercial lending commitments for Ukraine	Represents about 0.6% of its overall commercial lending portfolio
UniCredit	About €8 bln of loans at Russian unit, about €5 bln of commercial lending and commitments via other subsidiaries	About €2.5 bln of equity at Russian unit is less than 4% of group total
Intesa	About €5.6 bln of total loans to Russian clients, €200 mln in Ukraine	Russia represents 1.1% of total loans end 2021
SocGen	About €18.6 bln exposure to Russia	1.7% of total exposure
Commerzbank	About €1.3 bln exposure at default related to Russia net of about €400 mln ECA coverage	Equivalent to 0.4% of group exposure at default
RBI	About €22.9 bln of exposure to Russia, of which €11.6 bln loans to customers	Loans make up 11.5% of group
ING	About €5.3 bln of exposure to Russian borrowers, €1.5 bln to non-Russian borrowers with Russian ownership	Accounts for 0.9% of loan book

xxx

xxxi 王林 (Wang Lin), 王贵滨 (Wang Guibin), «舆论战与心理战辨析 (Un'analisi della guerra dell'opinione pubblica e della guerra psicologica), 解放军报 (PLA Daily), 8 giugno 2004.

xxxii 全军军事术语管理委员会 (Military Terminology Management Committee), 中国人民解放军军语 (Terminologia militare dell'Esercito popolare di liberazione), 北京:军事科学出版社 (Pechino, Military Science Publishing House), 2011.

xxxiii 李昌祖 (Li Changzu), 许天雷 (Xu Tianlei), "舆论与舆情的关系辨析" (Analisi delle relazioni tra le opinioni emozione pubblica e pubblica), 浙江工业大学学报 (Zhejiang Technological University Review), 8:4, 2009, pp. 393-398

xxxiv 全军军事术语管理委员会 (comitato di gestione della terminologia militare), 中国人民解放军军语
(terminologia militare dell'esercito popolare di liberazione) op. cit. Citazione

xxxv Jeffrey Engstrom, Systems Confrontation and System Destruction Warfare: How the Chinese People's Liberation Army Seeks to Wage Modern Warfare, Santa Monica, RAND, 2018, pp. 71-72.

xxxvi Tuttavia, il concetto di lawfare non è ancora oggetto di una definizione unanime. Per una discussione di questo concetto, vedi tra gli altri: Charles J. Dunlap, "Law and Military Interventions: Preserving Humanitarian Values in 21st Conflicts", preparato per la Conferenza sulle sfide umanitarie nell'intervento militare, Carr Center for Human Rights Policy, Kennedy School of Government, Harvard University, 2001; Orde F. Kittrie, Lawfare: Law as a Weapon of War, Oxford: Oxford University Press, 2016; e contributi al volume 43:1 (2010) del Case Western Reserve Journal of International Law.

xxxvii 赵培英 (Zhao Peiying), 当代军人国际法基础 (I fondamenti del diritto internazionale ad uso del militare contemporaneo) 解放军出版社 (Éditions de l'APL), 1996, citato in Kittrie, Lawfare: Law as a Weapon of War, op. cit., p. 165.

xxxviii Noto anche come Hui Ka Yan

xxxix Nel 2010, la società ha acquistato una squadra di calcio, la Guangzhou Evergrande. A seguito della squadra, ha poi costituito quella che si ritiene essere la più grande scuola di calcio del mondo, ad un costo di $ 185 milioni. Guangzhou Evergrande attualmente sta lavorando alla realizzazione del più grande stadio di calcio del mondo, che si prevede sia completato l'anno prossimo. Il monumento al calcio da 1,7 miliardi di dollari ha la forma di un gigantesco fiore di loto e sarà in grado di ospitare 100.000 spettatori.

xl L'occupazione nelle zone rurali e remote è generalmente scarsa, e i redditi sono spesso bassi. Pertanto, per una quota significativa di persone in Cina, lavorare nelle città più grandi è l'unica opzione per guadagnare un reddito vivibile. Molte industrie in Cina si affidano a questa manodopera economica e flessibile. Tra questi c'è l'industria delle costruzioni che assume lavoratori migranti per tutta la durata del progetto di costruzione. In molti casi, le condizioni di vita e di lavoro sono faticose e lo status sociale dei lavoratori e il tipo di occupazione rendono molti lavoratori migranti vulnerabili allo sfruttamento. Tuttavia, poiché i salari nel settore delle costruzioni sono relativamente alti, è un modo essenziale e popolare per i lavoratori migranti di provvedere alle loro famiglie a casa. (Construction industry in China - statistics & facts Published by Daniel Slotta, Jun 24, 2021)

[xli] Spinta dalla rapida urbanizzazione, l'industria delle costruzioni in Cina ha superato i 23 trilioni di yuan in produzione nel 2018. Oltre a diversi contratti assegnati a China State Construction in passato da operatori di casinò e hotel locali – come Wynn Resorts, MGM, Melco e The 13 – il gruppo si è anche aggiudicato diversi contratti per lavori pubblici e progetti di sviluppo urbano in città. Nel 2019, China Railway Construction Corporation (1186) ha annunciato che il suo valore dei contratti appena firmati per i primi tre trimestri di quest'anno è aumentato del 25,07% rispetto a un anno fa a 1,12 trilioni di yuan. Per il terzo trimestre, il suo valore dei contratti appena firmati è salito del 40,3% a 396,54 miliardi di yuan (fonte: China Construction Market - Growth, Trends, and Forecast (2020-2025) – Research and Markets)

[xlii] The Chinese property developer more geared than Evergrande (Henry Chia Asia Markets Sep 24, 2021)

[xliii] The Chinese central bank – People's Bank of China – has been pumping lot of cash into the system, as property developer China Evergrande's default looms large on the world's second largest economy.
According to data compiled by Kalkine from People's Bank of China, the apex bank has injected CNY460 billion (about US$71 billion) into the system since Wednesday last week – a day prior to Evergrande's US$83 million couple payment due date.
The central bank has injected the money in six tranches of the open market operation (OMOs) spread across four days. Of these, two are reverse repo operations with a combined worth of CNY120 billion and have a maturity period of seven days – at an interest rate of 2.2%.
The remaining four are the reverse repo operations worth CNY340 billion cumulatively, with a maturity period of 14 days and an interest rate of 2.35%.
The reverse repo is the purchase of securities with an agreement to sell them at a higher price at a specific future date. For the party selling the security (and agreeing to repurchase it in the future) it is a repurchase agreement (RP) or repo; for the party on the other end of the transaction (buying the security and agreeing to sell in the future) it is a reverse repurchase agreement (RRP) or reverse repo.
The move by the Chinese central bank is helping to ensure sufficient liquidity throughout the Evergrande crisis. It is also helping to meet extra demand for funds ahead of China's week-long holiday at the start of October. As a result of this, the cost of borrowing overnight fell to 1.68% -- its lowest level since late July, down from 2.28% last week.
With over US$300 billion in debt – 2.1% of China's gross domestic product (GDP) – Evergrande's collapse would be enough to send the world's second largest economy into a tailspin and cause a severe liquidity crunch.(fonte: AsiaMarkets)

[xliv] Tuttavia, il concetto di lawfare non è ancora oggetto di una definizione unanime. Per una discussione di questo concetto, vedi tra gli altri: Charles J. Dunlap, "Law and Military Interventions: Preserving Humanitarian Values in 21st Conflicts", preparato per la Conferenza sulle sfide umanitarie nell'intervento militare, Carr Center for Human Rights Policy, Kennedy School of Government, Harvard University, 2001; Orde F. Kittrie, Lawfare: Law as a Weapon of War, Oxford: Oxford University Press, 2016; e contributi al volume 43:1 (2010) del Case Western Reserve Journal of International Law.

[xlv] 寿晓松 (Shou Xiaosong) (dir.), 战略学 (La science de la stratégie militaire), 军事科学出版社 (Academy of Military Science Press), 2013, https://fas.org/nuke/guide/china/sms-2013.pdf.

[xlvi] Da Business Insider, "The Evergrande collapse is not China's 'Lehman moment,' but it does complicate an economic recovery, think tank says" di Aruni Soni 14 febbraio 2024

xlvii Nathan Beauchamp-Mustafaga et Michael S. Chase, Borrowing a Boat Out to Sea: The Chinese Military's Use of Social Media for Influence Operations, Johns Hopkins School of Advanced International Studies, Foreign Policy Institute, Policy Papers, 2019, p. 10.

xlviii 心战之巅的光芒:现代战争中的认知域作战研究 (Light at the Top of Psychological Warfare: A Study of Psychological Warfare: A Study of Psychological Warfare: A Study of Psychological Warfare Cognitive Domain Operations in Modern Warfare), 白山出版社 (Shenyang, Baishan edizioni), 2012

xlix 曾华锋 (Zeng Huafeng), 石海明 (Shi Haiming), 制脑权: 全球媒体时代的战争法则与国家安全战略 (Il potere del controllo del cervello: le leggi della guerra e la strategia di sicurezza nazionale nell'era dei media globali), 军事科学院出版社 (Academy of Military Science Press), 2014

l 黄昆仑 (Huang Kunlun), " 夺取未来战争 制脑权 " (Cogliere la superiorità della mente nelle guerre future), 解放军报 (PLA Daily), 16 giugno 2014

li Emmanuel Dubois de Prisque, Jean-Yves Heurtebise, "L'ordre néo-maoïste du discours (analyse d'un usage récent de Foucault en Chine)", Monde chinois, 60:4, 2019, p. 83-101

lii 张志洲 (Zhang Zhizhou), " 国际话语权建设中几大基础性理论问题 " (Diverse questioni teoriche fondamentali nella costruzione del potere discorsivo internazionale), 国务院新闻办公室 (Information Bureau del Consiglio di Stato), 27 febbraio 2017, https://archive.vn/LlsTv

liii Jean-Louis Rocca, Foucault en Chine. Les enseignements du « séminaire itinérant Michel Foucault», Ateliers doctoraux franco-chinois en sciences sociales et humaines de l'université Tsinghua, 2006.

liv Michel Foucault, L'Ordre du discours, Paris, Gallimard, 1971.

lv 寿晓松 (Shou Xiaosong) (dir.), 战略学 (La science de la stratégie militaire), 军事科学出版社 (Academy of Military Science Press), 2013, https://fas.org/nuke/guide/china/sms-2013.pdf.

lvi Elsa B. Kania, "Il diritto di parlare: discorso e potere cinese", Center for Advanced China Research, 27 novembre 2018

lvii Mark Stokes et Russel Hsiao, « The People's Liberation Army General Political Department: Political Warfare with Chinese Characteristics », Project 2049 Institute, 2013, p. 3.

lviii"George F. Kennan on Organizing Political Warfare", 30 aprile 1948, History and Public Policy Program Digital Archive, Woodrow Wilson Center: Digital Archive International History Declassified, http://bit.ly/GKennan1948

lix David V. Gioe, Richard Lovering et Tyler Pachesny, « The Soviet legacy of Russian active measures: new vodka from old stills? », International Journal of Intelligence and Counterintelligence, 33:3, 2020, p. 3.

lx Vasiliy Mitrokhin, KGB Lexicon: The Soviet Intelligence Officers Handbook, Routledge, 2002 lxi Citato da Jolanta Darczewska, Piotr Żochowski, "Misure attive. L'esportazione chiave della Russia", Point of View, 64, giugno 2017.

lxii Christopher Andrew e Vassili Mitrokhin, Il KGB contro l'Ovest 1917-1991, Parigi, Fayard, 2000, p. 334-335

lxiii Richard H. Shultz, Roy Godson, Dezinformatsia, The strategy of Soviet disinformation, Berkley Books, New York, 1986.

lxiv Molti esempi di questa classe di azioni possono essere trovati in Thomas Rid, Active Measures: the secret history of disinformation and political warfare, New York, Farrar, Straus e Giroux, 2020

lxv L'Europa deve essere una colonia americana? Contro il consenso "atlantista" di Justin Raimondo Pubblicato il febbraio 16, 2015

lxvi Le autonomie locali, saggio di Marco Palombi, 1993

lxvii Bibliografia sparsa
Taiwan watches China as China and the world watch Ukraine By Brad Lendon, CNN March 8, 2022
Russia's attack on Ukraine reveals political fault lines in Asia By Simone McCarthy, Brad Lendon, Rhea Mogul and Julia Hollingsworth, CNN March 7, 2022
Les opérations d'influence chinoises Un moment machiavélien Paul CHARON & Jean-Baptiste Jeangène Vilmer
China pledges peaceful growth of Taiwan ties, but opposes foreign interference By Yew Lun Tian (Reuters)
European banks exposed to Russia conflict: Fitch - Banks face asset deterioration, capital depletion, added operational risk By: James Langton March 2, 2022
European Banks Race to Spell Out Russia Risks as Stocks Plummet - Credit Agricole becomes latest bank to outline exposure Raiffeisen, SocGen, UniCredit are among the most exposed ByNicholas Comfort, Steven Arons, and Sonia Sirletti Bloomberg 7 March 2022
Europe's Banks Reveal Billions Worth Of Russia Risk As Sanctions Bite (International Business Times)
Christine Lagarde: ECB press conference - introductory statement Introductory statement by Ms Christine Lagarde, President of the European Central Bank, and Mr Luis de Guindos, Vice-President of the European Central Bank, Frankfurt am Main, 10 March 2022
China: the three warfares for Andy Marshall, Director, Office of the Secretary of Defense Washington, D.C. – University of Cambridge
Unconventional Options for the Defense of the Baltic States: The Swiss Approach (Rand Corp)
Hybrid Warfare in the Baltics Threats and Potential Responses (Rand Corp)
Understanding Russian "Hybrid Warfare" And What Can Be Done About it (Rand Corp)
Agreement Between the UNITED STATES OF AMERICA and UKRAINE Signed at Kiev August 29, 2005 for biological pathogens and weapons
The 'Gerasimov Doctrine' and Russian Non-Linear War
The Value of Science Is in the Foresight New Challenges Demand Rethinking the Forms and Methods of Carrying out Combat Operations General of the Army Valery Gerasimov, Chief of the General Staff of the Russian Federation Armed Forces
Iliade (Omero)
Eurostat
Осудили пыл: НАТО не рассматривает членство Украины в альянсе В блоке указали, что Киеву следует сосредоточиться на внутренних реформах Роберт Ланский (Isvezia)

Ukraine-Russia relations Explaining the two countries' intertwined histories, the armed conflicts in Crimea and the Donbas region, and disputes over gas supplies. (Chatham house)
Oct 3, 2021: Pandora Papers Reveal Offshore Holdings of Ukrainian President and his Inner Circle
Axios: Flashback: Why NATO stiffed Ukraine
Why isn't Ukraine already in NATO? Here's what it takes to join the 30-country alliance (Insider)
Ukraine is moving forward with its push to join NATO Radio Free Europe/Radio Liberty Mar 12, 2018
NATO decisions on open-door policy (NATO)
Ukrainian parliament votes to oust the president (Insider)
Reuters
The White House
Il Corriere della Sera
Why Australia is torpedoing the submarine mega-contract with France – Teller Report
AUKUS e Europa (articolo pubblicato in tre parti sul Nuovo Giornale Nazionale)
Zelenskiy Asks Biden Why Ukraine Still Not In NATO (EurActiv)
Discorso sullo stato dell'Unione 2021 della Presidente Von Der Leyen Strasburgo, 15 settembre 2021
War and Technology, Alex Roland, February 27, 2009 - Program on Teaching Innovation – Foreign Policy Research Institute
Technology in Society, vol.42 agosto 2015 - General sources of general purpose technologies in complex societies: Theory of global leadership-driven innovation, warfare and human development
Government Expenditures on Defense Research and Development by the United States and Other OECD Countries: Fact Sheet – Servizi di Ricerca del Congresso degli Stati Uniti Agg. 28 gennaio, 2020
Seidman S. S. 1987. Models of scientific development in sociology. Humboldt Journal of Social Relations vol. 15, n.1,
The Telegraph
USDA
The Chinese Invasion Threat: Taiwan's Defense and American Strategy in Asia," Ian Easton
The Jerusalem Post
Analisi del conflitto in Ucraina, in Eurasia - Daniele Perra - 7 Marzo 2022
"I dirigenti politici dei paesi europei sono servi sciocchi". L'analisi di Dario Rivolta in Dissipatio
Evergrande, ossia Unum castigabis, centum emendabis di Marco Palombi – settembre 2021
L'Altra Guerra – Marco Palombi, settembre 2020

[lxviii] Machine Learning. Con le tecnologie di apprendimento automatico, ai computer può essere insegnato ad analizzare i dati, Identifica i modelli nascosti, fai classificazioni e prevedi i risultati futuri. L'apprendimento viene dalla capacità di questi sistemi di migliorare la loro precisione nel tempo senza istruzioni esplicitamente programmate. La maggior parte delle tecnologie di intelligenza artificiale, comprese le applicazioni avanzate e specializzate come il linguaggio naturale e la visione artificiale, si basano sull'apprendimento automatico e sulla sua progenie più complessa, apprendimento.

Deep Learning. Il deep learning è un sottoinsieme dell'apprendimento automatico basato su un modello concettuale del cervello umano chiamato "reti neurali". Si chiama deep learning perché le reti neurali hanno più livelli che si interconnettono: un livello di input che riceve i dati, livelli nascosti che calcolano i dati, e un livello di output che fornisce l'analisi. Il deep learning è particolarmente utile per l'analisi di dati ricchi e multidimensionali, come voce, immagini e video. Funziona meglio se usato per analizzare grandi insiemi di dati. Le nuove tecnologie stanno rendendo più facile per le aziende lanciare progetti di deep learning, E l'adozione è in aumento.

Elaborazione del linguaggio naturale (PNL). La PNL è la capacità di estrarre o generare significato e intento da testo in una forma leggibile, stilisticamente naturale e grammaticalmente corretta. La PNL genera l'interfaccia vocale degli assistenti virtuali e chatbot. La tecnologia viene sempre più utilizzata anche per interrogare i set di dati.

Visione artificiale. La visione artificiale è la capacità di estrarre significato e intento da elementi visivi, che si tratti di caratteri (nel caso della digitalizzazione di documenti) o della categorizzazione del contenuto delle immagini, come volti, oggetti, scene e attività. La tecnologia alla base del riconoscimento facciale, la visione artificiale, fa parte della vita quotidiana dei consumatori. Ad esempio, alcuni telefoni cellulari consentono ai loro proprietari di accedere tramite riconoscimento facciale. La tecnologia di visione artificiale "guida" le auto senza conducente e anima i negozi senza cassieri.

[lxix] Future in the balance? How countries are pursuing an AI advantage Insights from Deloitte's State of AI in the Enterprise, 2nd Edition survey

[lxx] AI and Geopolitics: How might AI affect the rise and fall of nations? by Barry Pavel, Ivana Ke, Michael Spirtas, James Ryseff, Lea Sabbag, Gregory Smith, Keller Scholl, and Domenique Lumpkin

[lxxi] OpenAI's CEO Says the Age of Giant AI Models Is Already Over - Sam Altman says the research strategy that birthed ChatGPT is played out and future strides in artificial intelligence will require new ideas. Su Wired, 17 aprile 2023, Will Knight

[lxxii] Il termine "dry powder" in questo contesto si riferisce al capitale liquido disponibile per gli investimenti, ma che non è ancora stato investito in attività specifiche. Viene spesso utilizzato nel contesto degli investimenti privati, come il Private Equity, per indicare i fondi che i gestori hanno a disposizione per effettuare nuovi investimenti o per supportare le operazioni delle società in portafoglio. Questi fondi possono essere impegnati, ma non ancora investiti, e vengono definiti "dry powder" perché sono pronti per essere utilizzati quando si trova un'opportunità di investimento adatta.

[lxxiii] Il NAV, acronimo di Net Asset Value, è una misura finanziaria che rappresenta il valore netto degli asset di un fondo di investimento, dopo aver dedotto eventuali passività o obbligazioni. In sostanza, il NAV indica il valore totale degli asset del fondo al netto dei suoi debiti.
Nel contesto dei mercati privati e dei fondi di private equity, il NAV è particolarmente importante perché fornisce un'indicazione del valore complessivo degli investimenti del fondo. Questo valore può essere influenzato da varie variabili, tra cui il rendimento degli investimenti, le valutazioni delle società in portafoglio e le eventuali entrate o uscite di capitale dal fondo.
Il NAV è spesso utilizzato dagli investitori per valutare le performance di un fondo di investimento nel tempo e per valutare il rendimento dei loro investimenti. Inoltre, può essere utilizzato come base per calcolare il valore delle quote del fondo, che possono essere acquistate o vendute dagli investitori.

[lxxiv] "multipli" si riferiscono a una misura utilizzata per valutare il valore di un'azienda o di un'operazione di investimento in relazione ai suoi guadagni o ai suoi flussi di cassa. Nel contesto del settore del private equity e degli investimenti aziendali, i multipli sono spesso espressi come una relazione tra il valore dell'azienda (o dell'operazione di investimento) e una misura di redditività, come ad esempio l'EBITDA (Earnings Before Interest, Taxes, Depreciation, and Amortization, ovvero l'utile ante interessi, imposte, ammortamenti e svalutazioni).

Ad esempio, se un'azienda ha un valore di 10 milioni di euro e un EBITDA di 2 milioni di euro, il multiplo EBITDA sarebbe 5x, poiché 10 diviso per 2 è uguale a 5.

I multipli vengono utilizzati per confrontare il valore di un'azienda con quello delle sue controparti nel settore, per valutare se un'operazione di investimento è costosa o economica rispetto agli standard di mercato e per guidare le decisioni di investimento nel private equity.

[lxxv] In questa analisi, il "buyout" si riferisce all'acquisizione di interi business o aziende mature da parte di fondi di private equity, mentre il "venture capital" si riferisce agli investimenti in start-up o aziende emergenti con un alto potenziale di crescita. La raccolta fondi si riferisce alla quantità di capitale raccolta da un fondo per essere investita in conformità con la sua strategia di investimento, mentre il rendimento interno netto (IRR) è una misura della redditività di un investimento nel tempo.

[lxxvi] I "multipli d'ingresso" si riferiscono ai rapporti tra il prezzo di ingresso pagato per acquisire una partecipazione in un'azienda o in un'operazione di investimento e una misura di redditività o valore dell'azienda stessa. Questo prezzo di ingresso può essere rappresentato in diversi modi, ma comunemente è espresso come un multiplo del reddito operativo o di altre metriche finanziarie come l'EBITDA (Earnings Before Interest, Taxes, Depreciation, and Amortization), il fatturato o il flusso di cassa operativo.

Quindi, ad esempio, se un investitore paga 10 milioni di euro per acquisire una partecipazione in un'azienda che genera un EBITDA di 2 milioni di euro, il multiplo d'ingresso sarebbe di 5x, poiché il prezzo di ingresso è 5 volte l'EBITDA dell'azienda.

I multipli d'ingresso sono importanti nel contesto del private equity perché forniscono agli investitori un'indicazione del valore relativo di un'azienda rispetto alla sua redditività o alle sue performance finanziarie, e possono influenzare le decisioni di investimento riguardanti l'opportunità e la valutazione delle operazioni.

[lxxvii] "gli spread tra denaro e lettera" si riferisce alla differenza tra i tassi di interesse sui prestiti e i tassi di interesse sui titoli di Stato o altre forme di investimento considerate senza rischio.

Quando i tassi di interesse aumentano, i tassi di interesse sui prestiti tendono ad aumentare più rapidamente dei tassi di interesse sui titoli di Stato. Questo crea uno "spread" più ampio tra i due tassi, noto come spread tra denaro e lettera. In altre parole, gli spread tra denaro e lettera si allargano quando i tassi di interesse sui prestiti diventano più alti rispetto ai rendimenti garantiti dai titoli di Stato.

Questo fenomeno può influenzare il mercato immobiliare perché i tassi di interesse sui prestiti immobiliari tendono a seguire i tassi di interesse di mercato. Quando gli spread tra denaro e lettera si ampliano, i costi di finanziamento per gli investimenti immobiliari aumentano, rendendo gli investimenti immobiliari meno attraenti rispetto ad altri investimenti alternativi. Di conseguenza, ciò può portare a una riduzione dell'attività di investimento nel settore immobiliare.

[lxxviii] Il "leveraged buyout" (LBO), traducibile in italiano come "acquisto con leva finanziaria", è una transazione in cui un'azienda viene acquisita utilizzando una significativa quantità di debito, oltre a una quantità minore di capitale proprio. In altre parole, l'acquirente utilizza il denaro preso in prestito, spesso garantito dall'azienda stessa o dai suoi asset, per finanziare gran parte dell'acquisto.

Nel contesto di un leveraged buyout, l'obiettivo principale è quello di aumentare il rendimento per gli investitori attraverso l'aumento dell'indebitamento dell'azienda acquistata. Questo viene fatto in genere per sfruttare il potenziale di crescita o di ristrutturazione dell'azienda, in modo da aumentarne il valore nel tempo e generare rendimenti più elevati per gli investitori.

Il leveraged buyout è una strategia comunemente utilizzata nel settore del private equity, dove le imprese di investimento acquisiscono aziende con l'obiettivo di rivenderle in futuro a un prezzo più elevato, dopo aver apportato miglioramenti operativi o finanziari. Questa strategia può comportare un rischio più elevato rispetto ad altri tipi di investimenti, a causa del pesante utilizzo dell'indebitamento, ma offre anche potenziali rendimenti più alti in caso di successo.

I fondi aperti che investono in infrastrutture quotate ordinati per patrimonio

Nome fondo	ISIN	Gestore/i	Rendimento da inizio anno (%)	Rendimento annualizzato (3 anni - %)	Rendimento annualizzato (5 anni - %)	AuM (milioni €)	Sharpe Ratio 3 anni	Alpha 3 anni	Beta 3 anni	Spese correnti (%)	Morningstar Rating
Lazard Global Lstd Infras Eq B Acc EUR H	IE00BX9C2459	John Mulquiney;Warryn Robertson;Bertrand Cliquet	7,17	3,96	-	1.728.139.694,00	0,32	-	-	1,95	-
DWS Invest Global Infras NC	LU0329760853	Manoj H. Patel;Francis X. Greywitt	12,40	7,50	4,37	1.502.781.017,00	0,57	3,54	0,68	2,32	3
MS INVF Global Infrastructure BH EUR	LU0512092577	Matthew King	8,38	4,96	3,37	1.177.290.385,00	0,34	-	-	2,77	-
CS (Lux) Infrastructure Equity BH EUR	LU1692116715	Werner Richli;Heinz Tschabold	4,11	11,17	8,78	740.262.367,00	0,60	-	-	1,91	-
M&G (Lux) Global Listed Infras A EUR Acc	LU1665237704	Alex Araujo	10,64	11,80	-	736.562.219,00	0,69	6,43	0,92	2,01	4
LM ClearBridge Infras Val A EUR Acc	IE00BD4GTQ32	Nick Langley;Charles Hamieh;Shane Hurst	4,41	7,30	-	638.438.362,00	0,51	2,62	0,80	1,94	3
Mediolanum BB Infrastructure Oppo Col SB	IE00BB4HMD91	-	6,84	4,18	2,53	446.960.685,00	0,35	-0,12	0,75	3,65	2
Wellington Enduring Assets DL EURUnH Acc	IE00BKKJBM52	Tom Lavering	10,75	-	-	370.771.041,00	-	-	-	2,20	-
Russell Inv Global List Infras C EUR	IE00B4RKC488	Patrick Nikodem	7,07	3,07	2,32	362.297.526,00	0,26	-1,76	0,90	3,01	3
Nordea 1 - Global Listed Infrastr E EUR	LU1948826372	Jeremy Michael Anagnos;Hinds Howard;Dan Foley	9,80	-	-	348.193.474,00	-	-	-	2,67	-

Fonte: Morningstar Direct. Per ciascun fondo è stata presa solo la classe più anziana. Dati disponibili al 08.06.2021. I rendimenti sono in euro annualizzati.

lxxx 'IPCC, o Intergovernmental Panel on Climate Change, è un organismo scientifico intergovernativo creato dalle Nazioni Unite nel 1988. È incaricato di valutare le informazioni scientifiche, tecniche e socio-economiche rilevanti per la comprensione dei cambiamenti climatici. L'IPCC analizza le evidenze scientifiche riguardanti il cambiamento climatico, le sue cause, le sue implicazioni e le possibili strategie di mitigazione e adattamento. Le sue relazioni sono considerate autorevoli nel campo e sono utilizzate come base per le politiche climatiche a livello internazionale.

lxxxi "Etichettato ESG" si riferisce a investimenti o prodotti finanziari che sono stati valutati secondo criteri ambientali, sociali e di governance (ESG). Questi criteri considerano, ad esempio, l'impatto ambientale delle aziende, le loro pratiche sociali nei confronti dei dipendenti e delle comunità in cui operano, e la qualità della loro governance aziendale. Quando un investimento è "etichettato ESG", significa che è stato valutato e classificato in base a queste considerazioni e considerazioni sull'impatto sociale e ambientale.

lxxxii

https://www.europarl.europa.eu/meetdocs/2014_2019/plmrep/COMMITTEES/AFCO/PR/2023/09-14/1276737IT.pdf

lxxxiii https://eur-lex.europa.eu/IT/legal-content/summary/division-of-competences-within-the-european-union.html

lxxxiv https://www.europarl.europa.eu/news/it/press-room/20220603IPR32122/il-parlamento-avvia-il-processo-di-modifica-dei-trattati-ue

lxxxvi "L'intelligenza artificiale di ChatGPT supera gli esami per diventare medici negli USA"Paolo Rossi Castelli 23 febbraio 2023 su http://www.ibsafoundation.org/it/blog/chatgpt-supera-esami-di-medicina

L'algoritmo di ChatGPT ha risposto in modo adeguato a 350 domande normalmente utilizzate nei test che abilitano gli studenti alla professione. Alcuni centri ospedalieri lo utilizzano già anche per riscrivere i referti più complessi.

lxxxvii come osservato dall'Agenzia internazionale per l'energia, il calo degli investimenti nell'energia da combustibili fossili non è ancora accompagnato da un aumento degli investimenti nelle energie rinnovabili, un deficit che potrebbe esercitare un'ulteriore pressione sulla crescita. Ci vorrà un po' di tempo prima che i prezzi e la domanda si adeguino di conseguenza. Più in generale, i mercati dei beni e del lavoro subiranno un impatto negativo, nel prossimo decennio, dai rapidi adeguamenti resi necessari dal passaggio all'obiettivo di emissioni zero. Alcuni lavoratori perderanno il lavoro, mentre alcuni settori non troveranno immediatamente i lavoratori qualificati di cui hanno bisogno. Ciò aumenta la probabilità che l'inflazione rimanga al di sopra dei livelli osservati nei decenni precedenti la pandemia.

[lxxxviii] Nota di Aggiornamento del Documento di Economia e Finanza (NADEF) 2023, Ministero dell'Economia e Finanze

[lxxxix] https://www.efficienzaenergetica.enea.it/images/detrazioni/Avvisi/Report_dati_mensili_30_09_2023.pdf

Super Ecobonus 110%   **30 settembre 2023**

		Dato Nazionale		
		% lavori realizzati	% edifici	% Invest.
N. di edifici		430.661		
Totale investimenti(*)		89.535.294.346,12 €		
Totale investimenti ammessi a detrazione		88.170.847.343,86 €		
Totale investimenti per lavori conclusi ammessi a detrazione		72.500.836.278,98 €	82,2%		
Detrazioni maturate per i lavori conclusi		79.332.389.183,02 €	Onere a carico dello Stato	
di cui	**Condomini**			
	N. di edifici condominiali	78.260	18,2%	
	Totale investimenti(*)	50.325.836.580,22 €		
	Tot. Inv. Condominiali ammessi a detrazione	49.975.616.831,75 €		56,7%
	Tot. Lavori Condominiali realizzati ammessi a detrazione	37.308.771.308,61 €	74,7%	
	Edifici unifamiliari			
	N. di edifici unifamiliari	237.127	55,1%	
	Totale investimenti(*)	27.853.390.429,49 €		
	Tot. Inv. in edifici unifamiliari ammessi a detrazione	27.072.094.918,07 €		30,7%
	Tot. Lavori in edifici unifam. realizzati ammessi a detrazione	24.770.590.860,27 €	91,5%	
	U.I. funzionalmente indipendenti			
	N. di unità immobiliari funzionalmente indipendenti	115.267	26,8%	
	Totale investimenti(*)	11.354.285.819,20 €		
	Tot. Inv. in unità immob. indipend. ammessi a detrazione	11.122.206.561,74 €		12,6%
	Tot. Lavori in unità immob. indipend. realizzati	10.420.721.443,94 €	93,7%	
	Castelli			
	N. di castelli	7	0,0%	
	Totale investimenti(*)	1.781.517,21 €		
	Tot. Inv. in castelli ammessi a detrazione	929.032,30 €		0,0%
	Tot. Lavori in castelli realizzati ammessi a detrazione	752.666,16 €	81,0%	
	Investimento medio(*)			
Condomini		643.059,50 €		
Edifici unifamiliari		117.461,91 €		
U.I. funzionalmente indipendenti		98.504,22 €		
Castelli		254.502,46 €		

(*) Investimento compreso le somme non ammesse a detrazione

[xc] Market size of residential building renovations in Italy in selected years from 2007 to 2018 – Statista.

[xci] Fallimenti e liquidazioni volontarie: persi 81.000 posti di lavoro nel 2023

Nel secondo trimestre del 2023, i fallimenti e le liquidazioni volontarie sono aumentati dopo 18 mesi di decrescita. Le piccole e medie imprese registrano le maggiori difficoltà. A guidare la crescita dei fallimenti ci sono le aziende del Nord Est e del Centro Italia – fonte: Cerved.